# ある鉄道事故の構図

昭和15年安治川口事故の教訓は生かされたか

坂上茂樹・原田 鋼

日本経済評論社

## はじめに

　1825年の創生以来、今日に至るまで、最も安易かつ安全に利用可能な公共交通機関であるはずの鉄道のその線路上において、"本来あってはならぬはずの"重大運転事故が数限りなく繰り返されて来た。多くの場合、直接の事故原因は人為ミスに帰せられるが、共通の背景として技術開発戦略の倒錯や安全投資の先送り、営業優先の車輌運用法、車輌技術上の欠陥等々が伏在していたことは紛れもない事実である。

　今を去る65年前、1940（昭和15）年1月29日の朝、死者192名というわが国鉄道史上空前にして絶後たるべき大惨事は発生した。舞台は国鉄西成線（現在のJR大阪環状線大阪〜JR桜島線［ゆめ咲線］桜島間）の安治川口駅構内である。以下、戦時体制のもと、この産業交通の要衝で現出したキハ42000型ガソリン動車脱線転覆の地獄図と、惨劇に至った技術的連鎖、およびそこに収斂する運命を背負った鉄道省車輌内燃化政策の倒錯について語って行こう。読者諸賢は運用上の無理、人為ミス、バックアップ・システムの不備、車輌設計面での脆弱性といった構図に2005年4月25日の朝、JR福知山線、尼崎駅北で発生した転覆・軌道逸脱事故と本件との共通性を見出されるであろう。

　とは言え、いきなりガソリン動車などと言っても、今や一般には馴染みの薄い存在であろう。それは鉄道内燃車輌のハシリのひとつであり、今日におけるディーゼル動車の先駆形態であった。鉄道車輌を極めて引火性の高いガソリンを焚いて走らせたのであるから、脱線転覆でもしようものなら炎上するぐらいは異とするに足りない。しかし、現実の大惨事を発生に至らしめた背景ないし遠因としての火種のばら撒き（即ち鉄道省における車輌内燃化政策の倒錯）と、出火に至った筋道（即ち具体的原因から車輌技術レベルにおける欠陥、ないし脆弱性が顕在化するに至った個別的プロセス）とは、全く次元を異にする問題である。

本書はこの2点および関連事項に留意しつつ、具体的データと論考を以って構成された鉄道省のそれを中心とするガソリン動車の外伝である。敢えてこれを「外伝」と称するには理由がある。この未曾有の大惨事についても、それを発生させた一般的、個別的技術連関についても、旧国鉄一家の閉鎖性のため史料開示に乏しく、「正史」おいても周辺的著述群の中でも、コトの重大性に見合うほどの記述は皆無である。

『大阪鉄道局史』(1950年)など本件を旅客死亡事故の項から外し(366〜367頁)、重大運転事故一覧表に僅か数文字を刻むに過ぎない(死者181名、553〜554頁)。『日本国有鉄道百年史』でさえ背景抜きの記述に第10巻の5行を充てるのみである(死者191名、268頁)。

然るに、事故車輌の配属区であった宮原機関区においては当時、車輌の不具合対策と運用技術開発努力が営々と重ねられており、その経過ならびに採集データそのものを集大成した貴重な背景史料が実在している。しかし、「正史」執筆者や正統派鉄道史家たちはその存在すら無視し続けて来た。

われわれは何よりも当該史料の"復権"を志した。かくて本書は鉄道史、産業技術史の空白を埋める作業たると同時に、鎮魂歌とも、また戦前戦後にわたり永らく繰り返され、糊塗され続けもして来た過ち、およびその根源に位置する標準化第一主義的技術思想への挽歌ともなった。このような特異な内容を有する原稿の出版を御引き受け下さった日本経済評論社、栗原哲也社長ならびに編集の労を御執り頂いた谷口京延氏に深甚の感謝を表明したい。

本書の執筆は概ね坂上が担当し、原田は鉄道史研究家、地理学徒の立場から史料とデータ、オリジナルの撮影写真を提供するとともに全体のバランスについて修正意見を提示、討論を重ねて加筆訂正が施された。鉄道史料やデータ検索面におけるわれわれの協力はかれこれ25年ばかり続いている。著者両名はより完全な歴史記述を期すためにも読者諸賢との交流が不可欠であると信じて疑わない。諸兄の御批判を切に乞う次第である。

# 目　　次

はじめに

## 第1章　モータリゼーションと鉄道
　　　　──意外に早かった鉄道危機の到来 ……………………………… 1
　　1．フリークエント・サービスと蒸気動車　1
　　2．内燃動車の時代　4
　　3．客車内燃化へのアプローチ　8

## 第2章　モーターにはモーターを
　　　　──わが国における鉄道自衛策としての客車内燃化 ………… 19
　　1．地方鉄道・軌道における客車内燃化　19
　　2．鉄道省における客車内燃化　その1──標準化以前　26
　　3．鉄道省における客車内燃化　その2──標準ガソリン動車　39

## 第3章　"酷使"・不具合・対策
　　　　──戦時・過密仕業下の鉄道省大型ガソリン動車 ……………… 67
　　1．非電化通勤幹線としての西成線におけるキハ42000の運用　67
　　2．発生した不具合と対策　その1──主要機構部品　71
　　3．発生した不具合と対策　その2──燃料供給系　85
　　4．発生した不具合と対策　その3──電気系　88

## 第4章　燃料節減への努力──たゆみなき現場の工夫と創意 ……… 99
　　1．直接運転技術面での取り組み　99
　　2．運行支援技術面での取り組み　116

3. アルコール混用法の顛末　121

第5章　産業戦士192名、殉職す
　　　　──惨事は起こるべくして起こった……………………………133
　1. 事故の概況　133
　2. 事故の直接的要因　138
　3. 事故の遠因および対策を巡って　146
　4. 西成線電化と鉄道省ガソリン動車の終焉　149

技術史的総括　159

## 第1章　モータリゼーションと鉄道
　　　──意外に早かった鉄道危機の到来


### 1．フリークエント・サービスと蒸気動車

　自動車交通の発達は、従来、鉄道が陸上交通の分野に占めていた圧倒的存在感を切り崩していった。昭和10年代の日本における鉄道輸送量と自動車輸送量の推移を見れば、自動車による輸送は戦時体制下の燃料規制によって早くも昭和10年代半ばにその成長を押さえられたものの、この種の外因が作用しなければ、自動車の優位と鉄道の凋落の趨勢は戦前期、すでに決していたであろうことがわかる。日本という中進国においてさえ自動車が鉄道に圧力を及ぼし始めた時期は意外に早かったワケである[1]。

　何しろ、停止中燃料を消費せず、正常なコンディションにあるなら、冷え切った状態からの始動にもそれほど手間暇をかけずに済む内燃機関を原動機とする自動車は個人所有の乗用車としてはもとより、旅客、貨物輸送機関として用いられた場合でさえ路線網のきめこまかい展開や運行間隔の稠密度（フリークエンシー）において、鉄道、とりわけ蒸気機関車に頼るそれのパフォーマンスを遥かに凌駕する潜在能力を有する[2]。

　一般に蒸気機関は連続全負荷運転時に最大の熱効率を示し、負荷率の低下や発停の頻度の高まりとともに、その熱効率は急激に悪化する。かつて「発停機関」などという奇妙な概念が用いられたのも、ことほど左様に、蒸気機関は連続運転させるもの、という常識が幅を利かせていたからである。20世紀への世紀転換を控えたドイツやフランス、イギリスにおいて内燃機関技術開発が志向されたひとつの要因は工場用、とりわけ小規模事業所向けの小型動力需要に応

え、大工場の勃興により没落の危機に瀕していた社会の安定要因たる中間層の自力更生を技術的に担保したいという社会的欲求にあった[3]。

他方、蒸気機関も陸上交通用ともなれば、発停、逆転、部分負荷運転は日常茶飯事である。このため、蒸気機関車などは熱効率など二の次、三の次、ともかく確実に運行可能な信頼性さえあれば合格、という扱いを受けがちであった。そんな蒸気機関車に依存した鉄道には自動車からの攻撃に対する有効な反撃手段が欠けていた。さりとて、鉄道電化、電車化が採算に乗る線区は大都市内、あるいはその近郊に限られた。ここにおいて鉄道動力の革新が希求された[4]。

但し、鉄道用蒸気動力技術体系がいかなる技術革新とも無縁に立ち枯れていったかと言えば、少なくとも20世紀前半の欧米先進国において、それは事実と異なる。その成果として誕生したのが高圧蒸気機関車であり、蒸気タービン機関車であり、第三世代の蒸気動車である。高圧蒸気機関車とは最大圧力が欧米先進国においてさえ$25kg/cm^2$程度、わが国においてはせいぜい$18kg/cm^2$に止まった通常の煙管式機関車ボイラに替えて水管ボイラを搭載し、50ないし$120kg/cm^2$といった格段に高い蒸気圧を使用する蒸気機関車である。スイス機関車会社の作品（$50kg/cm^2$ 3気筒単流機関）、ドイツ、シュミット・ヘンシェル社の作品系列（レフラー高圧罐［間接加熱］$60kg/cm^2$、低圧罐$14kg/cm^2$）、同じくドイツ、シュワルツコップ社の作品（［間接加熱・強制循環］$120kg/cm^2$）といったところがわが国にも紹介された作品である。また、陸舶用ボイラの領域で先進的技術として期待されていたヴェロックス罐やラモント罐、ベンソン罐といったボイラも試用された[5]。

蒸気の持つ熱エネルギーの活用という観点からすれば、膨張装置としてはレシプロよりも蒸気の膨張を滑らか、かつ徹底的に行い得るタービンが有利である。もちろん、機械効率の高さもその魅力のひとつである。蒸気タービン機関車としては通常圧力の蒸気を用いるイタリア、ベルッツィオの試作機関車、スウェーデンのユングストローム社の製品群のほか、ユングストローム・リショルム式タービンを備えたイギリスL. M. S鉄道のもの、スイス、エッシャーウィスのツェリー・タービンを搭載したドイツ、クルップ社の作品やマッファイ

の作品など凝結式、不凝結式とり混ぜた機関車群のほか、105kg/cm$^2$のバブコック＆ウィルコックス高圧罐（強制循環）を使用し、ターボ・エレクトリック方式（もちろん凝結式）を採ったユニオン・パシフィック鉄道のGE製機関車などが著名である[6]。

しかしながら、最後のものを含め、矮小な蒸気動力プラントをこの程度に改良したぐらいではせいぜい8％止まりの在来型蒸気機関車の熱効率をプラス6～7割ばかり、あるいは最後のものに限れば更に大幅に改善出来たにせよ、内燃機関、とりわけ新興のディーゼル・エンジンに対抗し得る熱効率をマーク出来ようはずはなかった。また、概して高い性能を狙ったものほど、その運用効率は低かったようである。かくて以上の試みはすべからく大成せずに終わった。

これらの意欲的試みは鉄道動力の根幹における熱効率改善＝経済性向上を目指した試みであったが、鉄道蒸気動力技術体系の末梢部にはいまひとつ、冒頭に述べたフリークエント・サービス向上を狙った19世紀後半の技術革新としての蒸気動車が存在した。客車に小型動力を搭載するアイデア自体は陳腐であり、既に19世紀前半に幾つもの提案と実用化がなされていた[7]。これら第1世代の蒸気動車については行論の対象範囲外である。

わが国には明治30年代より第2世代に相当するセルポーレ（仏）、ボールドウィン（米）ガンツ（ハンガリー）の製品が地方軌道に輸入された[8]。また、国鉄は1909（明治42）年、ガンツ機関（18.3kg/cm$^2$）を輸入し、関西線の一部に6000型蒸気動車（当初、"自動車"、のち、"汽動車"）2両を就役させた。ガンツ機関は大阪鉄工所に技術移転され、同所は地方の軌道に若干の納入実績を残している。

しかし、セルポーレやガンツの水管ボイラはわが国では保守困難と忌避された。このため、通常の機関車罐（煙管ボイラ）を小型化した工藤式蒸気動車（当初 "自動客車"、使用蒸気圧11.2kg/cm$^2$）が汽車製造会社の工藤兵治郎によって開発されると好評を博し、1909年末の4両を皮切りに1923（大正12）年までに同社は43両の工藤式蒸気動車を製造し、市川勝三商店工業部、㈱枝光鉄

工所はそのサブライセンシーとして数両を製造、川崎造船所でも竪型ボイラを載せた類似品が若干製造され、国有鉄道にも総計18両が納入された。現在、明治村に保存されているキハ6401は汽車会社の製造になるこの工藤式蒸気動車の1両である[9]。

しかし、こういった構造では熱効率は低く、フリークエント・サービスの効率的実施に不可欠の急速汽醸能力にも劣っていた。アメリカのホワイト社は1920年代まで蒸気自動車の改良を続け、ドイツやイギリスではその後も、中には130kg/cm$^2$などという高圧水管ボイラまで備えた、第3世代とも称されるべきより優秀な蒸気動車が開発・製造され続けた。しかし、わが国においては上に見た1.5世代的状況のまま、改良事蹟に欠け、国鉄蒸気動車保有量数自体、1935年度末時点で10両、1941年度末で9両、1948年5両へと減少。運用は1946年度を以って打ち切られ、私鉄におけるそれも実質的に先次大戦中までであったと推定されている[10]。

この国における蒸気動車の早期退潮の要因としてひとつにわが国技術界通有とも言える"堪え性の無さ"が、いまひとつとしてより扱いやすい内燃動車、とりわけガソリン動車の普及が挙げられる。

## 2．内燃動車の時代

小単位フリークエント・サービスの担い手たる内燃動車の嚆矢はあれこれ雑多な内燃機関を搭載した車輛ではなく、ガソリン動車であった。しかも、ガソリン動車の歴史はガソリン・エンジンの濫觴とともに始まった。ドイツ初期内燃機関工業史の権威、Sass は、これについて次のように述べている。

> 600rpm. でやっと1馬力出るか出ないかの単気筒エンジン1基と更に小型の0.5馬力気筒、これが［1883年にガソリン・エンジンを発明した：ゴットリーブ］ダイムラーがエンジン製造事業に乗り出そうと決意した時、ダイムラーとマイバッハの手許で製作されつつあったモノの全てであった。

小型のエンジンは2輪車［1885年の第1号］に、大きい方は4輪馬車型自動車［1886年の第1号］に搭載され、その結果は前途に期待を抱かせた。モーターボートでも成功が約束された。しかしこの時点までは2輪車、4輪車、そしてボートを用いてなされた試験運行はダイムラー自身の計算が及ぶ範囲でなされたものに過ぎなかった。今や、エンジンを製作し、販売し、それによってエンジンを実用運転という比較にならぬほど過酷なテストに供するということが問題となっていた。

　ダイムラーは躊躇することなくこれを実行に移した。1887年の秋、オースのバーデン・バーデンとキルヒハイムのエスリンゲン間の鉄道線路上において鉄道行政に携わる人々に向けてエンジン付きトロッコの運転状況が観覧に供され、9月27日にはダイムラーによってカンシュタットに総延長1kmばかりの線路上を行き来する小さな市街鉄道が開設された。そのちっぽけな乗り物の写真と停車場を表す小さな木造家屋の前に敷かれた線路の平面図が各一葉、今も保存されている。この試みが成功したため、シュットガルト市街鉄道会社は1両の市外鉄道車輌［ガソリン動車］を発注し、1888年10月7日にその引渡しが行われた。

　1888年の6月初めまでに、その鉄道には既に4両の気動車が就役していた［後略］(11)。

これに続いてダイムラー社は1891年、4馬力のガソリン機関車を製造した(12)。

　しかし、この試作的段階以降しばらく、ダイムラーはガソリン動車、機関車から遠ざかっていたらしい。数年後、同社はやがてヨリ本格的な鉄道車輌の製造を始めている。

　　ダイムラー・エンジン会社（Daimler-Motoren-Gesellschaft）の人々は乗用車エンジンの開発に仕事を限定していたわけではなく、ゴットリープ・ダイムラーが常にそれを望んでいたように、そのエンジンに可能な限

図1-1　ダイムラー社のガソリン動車（1899年）

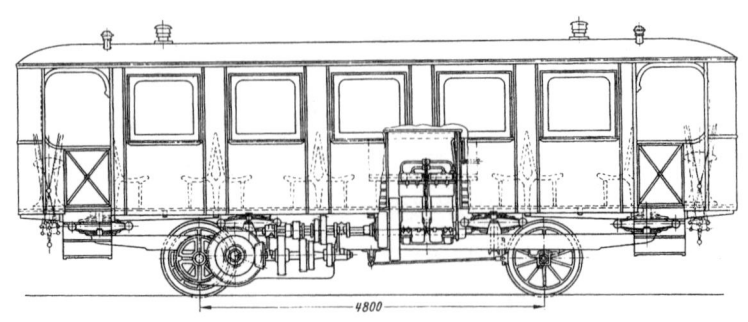

全長は10mである。
Sass, *Geschichte des Deutschen Verbrennungsmotorenbaues VON 1860 BIS 1918*, Springer, 1962, S. 241, Bild 117.

り多くの他の販路を開拓しようと模索していた。乗合バスやトラックが製造された。トラックに関してマイバッハは1898年、彼が着手させようと望んでいた数多くの"100ツェントネル積載車における設計変更"について書き留めている。したがって当時既に、この会社では5㌧トラックを作っていたわけである。（1899年には）鉄道車輌の駆動に要求されるより強力なエンジンを手にしたため、エンジン駆動式鉄道車輌の製造が再開された。117図［図1-1］は最終減速機を有する前進・後進切替えのための傘歯車装置と組み合わされた4段歯車変速装置を従えて作動する4気筒10馬力エンジンの搭載状況を示す。その出力は翌年にはもう20馬力に、更にその翌年には30馬力に向上させられた[13]。

このようにガソリン動車の始祖は有象無象の輩などではなく、ガソリン・エンジンの発明者、G. ダイムラーその人であり、ガソリン動車の歴史はガソリン・エンジンの歴史そのものであった。しかも、その後発展した"機械式"内燃動車の基本的構造はダイムラーの1899年製ガソリン動車のそれを踏襲し、これに細かな改良を加えたものに過ぎなかった。

欧米先進国においては高速ディーゼル・エンジンの実用化とともに営業運転

第1章　モータリゼーションと鉄道　7

最大速度160km/hを誇る、かのドイツ国鉄フリーゲンダー・ハンブルガー（1932年　ゲルリッツ3軸動台車［マイバッハ12気筒ディーゼル＋発電機＋主電動機架装］＋ヤコブ連接台車、2～3両［中間付随車付き］編成）を嚆矢とする高速ディーゼル・エレクトリック動車とダイムラー1899年型の直系の子孫である軽便な機械式、或いは液体式高速・軽便内燃動車の四本立てで技術が進化した。

　ドイツ国鉄は1935年、フリーゲンダー・ハンブルガーの出力増強型（電気式、液体式並行試験）を、1939年にはクルッケンベルクの新高速度内燃動車として知られる液体式ディーゼル動車を開発した。ドイツ国鉄によるディーゼル動車を以ってする鉄道高速化の展開は他の欧州諸国にたちまち飛び火した。現代におけるTGVの技術波及を髣髴させるようなフリーゲンダー・ハンブルガーと同一のエンジン・足回りの借用例としてベルギー国鉄、フランス北部鉄道、及びオランダ国鉄の高速内燃動車が挙げられる。オランダ、デンマーク国鉄はまた、これと意匠を異にする高速ディーゼル・エレクトリック動車を就役させた。

　ディーゼル動車による高速列車運行の展開は欧州のみならずアメリカにも波及し、ユニオン・パシフィック鉄道、シカゴ・バーリントン鉄道、ニューヨーク・ニューヘヴン鉄道、イリノイ・セントラル鉄道、ガルフ・モービル＆ノーザン鉄道が高速ディーゼル・エレクトリック動車を投入し、1930年代前半には大西洋の両側にディーゼル・エレクトリック方式による高速鉄道の花が開いた。

　一方、フランスの自動車、エンジン製造会社ブガッティは流体継手付き（変速機なし）高速ガソリン動車を開発製造した。これは単車ないし重連運転で運用され、全長は何と23.16m。足回りは2動軸の4軸台車2基。車体床下に標準出力200馬力の直列8気筒エンジン4基が車体中心線と直角に搭載されており、重量僅かに23トン。加速はともかく最高速度は180km/h、営業運転における最大速度でも150km/hという実にエキセントリックなシロモノであった。小型軽快動車の領域ではフランスのタイヤメーカー、ミシュランが空気入りタイヤを履いた機械式の軽快ガソリン動車を製造した。ルノーやフランコ・ベルゲといった会社は軽快ディーゼル動車を製造した。イタリアではフィアットやブ

レダといった企業が機械式の軽快ガソリン動車を製造した。このほか、デンマークのフリヒス、オーストリアのオーストロ・ダイムラー（空気入りタイヤ）、ハンガリーのガンツ等によって軽快なディーゼル動車が各種製造された。イギリスではレイランド製ディーゼル・エンジンを搭載した機械式軽快動車やアームストロング・ホィットワース製軽快動車、ミシュランの製品等が使用され、1930年代前半にはディーゼルの優位性が確立した[14]。

しかしながら、優秀な大型高速ディーゼル・エンジンを長らく欠いたわが国において、このような高速ディーゼル動車は開発されなかった。しかもこれを一因として高速鉄道の濫觴そのものがドイツ、アメリカより30年ばかり遅れたことは言うに及ばず、本邦鉄道車輌技術界においては鉄道省の貧困極まる内燃化政策のもと、軽快ディーゼル動車の開発すら覚束ぬほどのテイタラクが演じられていた。

その反面、この国の地方鉄道はダイムラー1899年型の系列その他に属する様々な、ほとんどゴッタ煮的と言って良いほどのガソリン動車群を登場せしめた点では恐らく（戦後の国鉄鈍足ディーゼル動車の濫造とともに）世界に冠たる、と形容されるに相応しい活況を呈していた。その中にあって只一人、鉄道省だけは別格、言わば周囲から屹立した存在感を発揮した。しかし、その屹立ぶりが即、戦略的優越、技術的優位の現われであったとは、つまり、それが正しい思想に導かれ、それに相応しい結果をもたらしたとは必ずしも言えない。第2章以下ではこの国におけるガソリン動車文明の光と影、なかんずくその中でリーダーたるべき存在であった鉄道省の誤まてる技術政策のもとで進められた技術開発のプロセスに対して"歴史に基づく技術論"の目を向けていくことになる。

## 3．客車内燃化へのアプローチ

ただ、客車内燃化の個別具体的様相あれこれの紹介に入る前に、前掲図1-1のガソリン動車を手がかりに鉄道車輌内燃化へのアプローチと発展の勘

どころに係わる技術的チェックポイントについて予備的に考察しておくのも無駄ではなかろう。

　まず、エンジン本体。エンジンの占有スペース、重量に厳しい制約を受け、通常の電動車輌のように外部からの潤沢なエネルギー供給を仰ぎ得ない内燃動車は必然的に出力不足をかこちがちである。出力の大きいフリーゲンダー・ハンブルガーのエンジンは台車に架装されたとはいえ、標準軌用電気機関車の主電動機よろしく床上に突き出し、動台車上部の車内は機関室として使用された。更に出力の大きいアメリカの高速ディーゼル・エレクトリック動車ともなれば、その主機は床上に搭載され、前後端の動力車は実質的に電機式ディーゼル機関車とならざるを得なかった。しかし、軽快かつ軽便性を狙う気動車にこうした配置は不適切であるから、パワーユニットは床下に懸垂される。高速動車であれ軽快・軽便動車であれ、軽量かつ搭載性に優れたエンジンの開発は内燃動車成功のキーテクノロジーをなす。

　次に内燃機関は周知の通り、自己起動能力を欠き、極低回転時の発生トルクも小さい。ゆえに、エンジンは手回し等によりクランキングするか、あるいはエンジン本体とは独立した始動装置を作用させるか、何れかの方法によって外部から始動させられなければならない。このため、スクリュープロペラ等によってではなく、車輪の粘着（摩擦）力によって推進される車輌においては動力の伝達を一時的に断続する聯動機構——クラッチ——が必要となる。また、極低速トルクの不足を補い、エンジン本来のトルクバンドを有効に活用しつつ加速走行するために、変速装置が不可欠である。始動装置、聯動装置、変速装置は自動車であれ鉄道車輌であれ、内燃機関を原動力として車輪によって走行する車輌には不可欠なメカニズムであり、その良否は内燃車輌の出来を決定的に左右する要因となる。この場合、最も普通に用いられた始動装置は自動車用として発達した遠隔操作容易な電気式スターター、即ち始動電動機である。しかし電気部品は機械部品とは異なり、接触部品として用いられる金属表面の湿りや僅かな酸化膜、汚損に対して極めてデリケートであり、部品内部の断線、短絡、絶縁低下などは目視やテストハンマなどによる体感的検査にはかからぬた

め、固有のトラブル発生源となりやすい。

　一方、動力伝達メカニズムという機械仕掛けの中でも構造的に最も複雑化し、トラブルの巣窟に陥りがちなのが変速装置である。こちらも自動車用変速機として様々な機構が開発され、今日に至っている。初期の自動車技術者は例外的に、恐らく極限的に単純な無段変速機構として摩擦伝動方式を開発している。それは2枚の円盤を軸直角に突き合せた機構で、前後進とも無段変速、被動側が駆動側の中心に来た時がニュートラルになる。現代のトロイダル式無段変速機を減速一方に用いる場合と同じカラクリであるが、このような構成を採る限り、接触面圧は知れており、伝達トルクが制限されるため、自動車では大して普及しなかった[15]。

　また、自動車においては前後進とも無段変速というのは過剰機能である。ところが、鉄道車輌においては使用線区に転車台があろうとなかろうと、前後対称の運動性を有する車輌が有利である。このため、かかる摩擦伝動方式はその特性を買われ、保線用の軌道モーターカーや一部の小型ガソリン動車に採用されることとなった[16]。

　一般鉄道車輌ではこのように簡素な機構では不十分であったから、自動車譲りの歯車式変速機が主として小出力の車輌に重用された。しかしこの方式においては前後進とも同一段数を有する変速機構とすると構造上、煩瑣を極めるため、ある程度以上の車格を有する鉄道車輌においてはダイムラーの1899年型ガソリン動車のように変速機と区別された逆転装置を併用することで前後対称の運動性を確保する方式が一般化した。

　内燃機関が覇を唱える以前には電気自動車が有望視されていたほどであるから、自動車のガソリン・エレクトリック方式に始まる電気式伝動装置は20世紀の最初期から存在する。また舶用蒸気タービンの減速装置として開発されたフェッチンガー・トランスフォーマーに端を発する液体変速機も舶用としての用途開発失敗の後を承けた陸用転換の嚆矢として自動車に用いられ、以後、鉄道車輌、建設機械、産業用減速装置として普及した。

　これらの伝動装置の容量並びに効率は原動機の選択範囲を規定ないし制約す

る条件として作用する。適当な原動機が存在しても、これに見合う伝動装置が無ければその能力は活かされ得ない。因みに歯車式では○○馬力辺りまで、などという限界説がまことしやかに語り継がれてきたが、数値自体は技術的諸条件の推移とともに200、300、500と上方修正され今日に至っている。因みに現代の大型商用車においては600馬力程度まで歯車式変速機によってカバーされている。

　第3に図1-1の動車におけるエンジン搭載位置と動力伝達経路全体に注目して頂きたい。クラッチはエンジンの直後に配置されている。トルクの脈動を吸収しつつ動力発生行程に運動エネルギーを蓄え、動力吸収行程にこれを開放する役割を担うフライホイール（弾み車）自体をクラッチの構成要素とすることが有利であるため、これはごく普通に採られる配置である。しかし、この図のガソリン動車においては変速機がクラッチと一体ユニットを構成していない。全体に間延びした展開である。自動車においてもこのような配置を採る場合が見受けられる。しかし、そういった中間軸を介して変速機に至るケースにつきモノの自在継手らしきものは図からは看取されない。平行2軸式変速機はある種の、簡単な撓み継手を介在させてクラッチに後続せしめられているだけのように見える。

　つまり、この配置はFR式の乗用車やトラック、そしてある種の総輪駆動車のそれよりもFF乗用車のトランスアクスルに近い構成をなし、しかもこれを引き伸ばしたような格好になっている。エンジン、クラッチと変速機は適度にゆったりと、一列に展開させられている。それらは何れもスプリングないしラバー・マウントなどされていないから、相対的な運動をほとんど行わない。整備の容易さを窺わせる配置である。しかし、その眼目は恐らく整備性という点にはなかった。むしろ、この配置を採った最大の狙いは自在継手の排除にある。

　動力伝達系から自在継手を排除し得た要因はエンジン、クラッチから変速機、逆転装置、終減速機及び駆動車軸（軸受守）に至るまで、すべてをフレームに剛結したことにある。なかんずく自在継手の排除を可能にした最大かつ決定的要因は、この車輛がリジッド・サスペンション方式、即ち軸バネが存在せず、

駆動車軸が自由に踊らない軸箱支持方式を採ったことにある。こうすればプロペラシャフトは単なる延長軸で足りるから、自在継手の入る余地もない。

　車体は全体としてリジッドな下回りに担いバネ群によりフローティング支持されている。バネ下重量を云々する限り、不合理極まりない構造であるが、軌道上を低い速度で運行する車輌に関してバネ下重量を云々するのは見当違いである。但し、4つの車輪の軌条への座り、という意味においても、ある種の緩衝という意味においても、このフレームの捩れが有効に作用している点に注目せねばならない。実はこの点、担いバネの位置こそ異なれ、車軸→フレーム→担いバネ→車体というこのガソリン動車の衝撃伝達経路は車軸→担いバネ→フレーム→荷台という今日のトラックにおけるそれと同じである。

　トラックの場合、フレームの捩れ剛性が高過ぎると荷台への衝撃伝達が増すため、敢えて捩れやすい設計がなされている。この動車のフレームにしても、それが高い捩れ剛性を有していたとか、そんなものを狙って設計されていた、などと考えてはならない。逆である。但し、フレームの捩れがあれば動力伝達系の各ユニット間に僅かながら相対運動が生ずる。しかし、この相対運動によって生ずる僅かな軸心のズレのみならばクラッチ出力軸と変速機入力軸との間に介在する上述の撓み継手に吸収させればよい。

　自在継手の排除に関して多言を費やしたが、ことほど左様に、自在継手は車輌動力伝達系の鬼門をなした部品であった。因みに量産自動車の嚆矢、FordT型（1908）の駆動方式は今日では少数派の所謂トルクチューブ方式であった。今日のトラックなどにごく普通に見かけるルノー方式（'08）においては駆動（ないしブレーキ）トルクの反力によって後車軸函（アクスルハウジング）が車体に対して若干回転するため、最低限、プロペラシャフト（中間軸）前後両端に自在継手を各1個設ける以外にスプライン型等の伸縮継手を挿入し、軸の角度変化及び伸びを許容してやらねばならない。

　これに対してトルクチューブ方式ではドライブシャフトを収容する管であるトルクチューブと後車軸函がT字型の一体構造物となってトルク反力を受け、Tの先端でこれを車体に伝える。このためT字型構造物は車体に対してほと

んど回転しない。かくすれば工作の厄介な伸縮継手は要らず、とかくトラブルの絶えなかった自在継手……Ｔ型の場合、スプリット・リング型と呼ばれるモノ……も前端（変速機出口）の１個で済むし、比較的容易に自在継手ハウジング（機能的にはボール・ジョイント）内に収容され、グリース潤滑され得た。

　この構造的簡素性は代表的な伸縮継手であるスプライン継手を構成するスプライン・シャフトの溝が生産性の高いホブ盤ではなく、総形フライスの一種であるスプライン・フライスを取り付けたフライス盤によって、ボス穴の溝がブローチ盤ではなくスロッタ等の工作機械によって、それぞれ一個ずつ割出しながら切削されるほかなかった時代においては、生産性という観点から見ても非常に優れていた[17]。

　現行のフック式（十字軸式）自在継手など、信頼性に富む自在継手やその前提となる軸受、潤滑油、オイルシール、ダストシール等の基礎的、周辺的技術にもこと欠いた時代相に鑑みれば、舗装もされていない泥濘砂塵の悪路走行を常態としたアメリカの自動車にとって、ドライブシャフトが単純な構造で、しかもフルカバーされているのは、保守の容易さという観点から見て非常に有り難い設計であった。このためＴ型のトルクチューブ方式は1927年のＡ型、1932年のＶ８型に踏襲されたほか、シボレーなど多くの追随者を見出した。

　しかしトラブルの多い自在継手を最少化し、軸から伸縮継手を排除し、しかも手厚く保護・潤滑したこの方式は今日の目からすればいかにも回りくどい。実際、一旦これを徹底的に整備しようとすれば非常に手間がかかる。材料、工作技術が十分ではなかった日本にあってシボレー、フォードを範として斯界に参入したトヨタ自動車工業のＡＡ型乗用車、ＧＡ・ＧＹ型トラック、ＤＡ型バス等に模倣されたこの方式については、日産自動車がスパイサ社（米）より導入（設計依頼）したフルカバー型のスパイサ式自在継手共々、鉄道省、陸軍の評価は一向に芳しくなかった[18]。

　1899年型ダイムラー動車の傘歯車を用いた逆転機は原理的に現代のそれと同一の機構であったと見える。もしこの動車の駆動軸がフレームに対してバネ支持されていたとすれば、上述の通りこの手前に軸の相対運動を逃がしてやるた

めの自在継手と伸縮継手が必要となる。

　更に、動車が駆動軸をボギー台車によって支持するヨリ大型の形式に発展する場合、心皿回りの台車の回転による軸の角度変化及び伸縮が加わるから、機構的複雑化は不可避となる。また、この場合には逆転機の操作リンケージを機械仕掛けでは済ませ難くなるため、油空圧、電気等による制御機構を付加せねばならぬから、構造は一層込み入ってくる。

　確かにボギー台車の場合なら、フリーゲンダー・ハンブルガーのゲルリッツ3軸動台車よろしく台車にパワーユニットを架装してしまう途も無くはない。しかし狭軌ではスペース的にヨリ苦しく、エンジンや駆動系の艤装ならびに保守に困難を来しがちである上、どうあがこうと電車の主電動機・減速装置なみの架装性など期待できはしない。

　ダイムラーの1899年型ガソリン動車は一見、貧相な構造を有していた。しかし、それを稚拙な構造と呼べるかと言えば答えはまさに逆である。そこには動力伝達装置並びに周辺機構の極限的簡略化を具体化した"自動車屋"ならではの工夫が読み取れる。これを動力伝達系の困難を尽くした者の作品、と呼んでも良い。元より、そこに採用された機構は内燃動車の寸法・性能が拡大向上するに連れて変容していかなければならなかった。この過程を日本における事例に即して瞥見してみる時が漸く巡ってきたようである。

注
（1）　山岡茂樹『日本のディーゼル自動車』日本経済評論社、1988年、29頁、図2・2参照。
（2）　『日本のディーゼル自動車』Ⅱ章、坂上茂樹『鉄道車輌工業と自動車工業』日本経済評論社、2005年、第2章参照。
（3）　山岡茂樹『ディーゼル技術史の曲り角』信山社、1993年、第1章参照。
（4）　坂上茂樹『舶用蒸気タービン百年の航跡』ユニオンプレス、2002年、第1章、『鉄道車輌工業と自動車工業』第1章第1節参照。
（5）　朝倉希一『鉄道車輌（下巻）』春秋社、1936年、381～388頁、多賀裕重『鉄道車輌』鉄道工学会、1940年、218～220頁、島秀雄『最近の鉄道』（機械工学Ⅹ別項）岩波書店、1944年、22～28頁参照。

（6）　朝倉同上書388〜392頁、多賀同上書216〜218頁、島同上書28〜35頁参照。

（7）　圧縮空気動車などというモノまで提案されたことがある。Cf. J., Grand-Carteret, *La Voiture De Demain Histoire De L'automobilisme,* Paris, 1898, p.115. この提案自体は1840年頃のもの。

（8）　大阪、河南鉄道（現・近鉄道明寺線）には1907（明治40）年、ガンツ社製蒸気動車を導入したが、2年余りで使い潰したと伝えられる。『朝日新聞』1970年3月7日参照。

（9）　鉄道院・鉄道省旅客車輌称号のベースにあるのは1910（明治43）年9月制定の「車輌塗色および標記制定」［記号、即ちカタカナ部分］ならびに1911年1月制定の「旅客車称号規程」［番号、即ち数字部分］である。これに基づく工藤式蒸気動車の最初の称号はホジ6005〜6012、ホジ6013〜6016、ホジ6060〜6065であった。頭の「ホ」は重量区分記号、「ジ」は蒸気動車の謂いである。当時は電車にせよ蒸気動車にせよ、その大分類はあくまでも「客車」であった。これに従うならばその形式呼称は［重量区分・用途区分・形式番号］の順となる（オハ9500の如く）。この「重量区分」（但し2、3軸車には冠せず）は、22.5㌧未満＝「コ」から5.0㌧刻みで、22.5㌧以上27.5㌧未満＝「ホ」のようにして、【コ＜ホ＜ナ＜オ＜ス［＜マ＜カ】となる。よって、上例の「オハ9500」ならば、「自重32.5㌧以上37.5㌧未満」の範囲に入る。

　工藤式蒸気動車はホジ6005が22.95㌧、ホジ6013なら24.10㌧、ホジ6060で23.53㌧であったから、すべて「ホ」の区分に入った。電車についても同様に、「ホデ6110」などと呼ばれていた（重量区分は当初、空車重量であったものが途中から積車重量に変更され、形式称号に変更を生じたが詳細は割愛する）。

　しかし、カタカナ部分については1914年3月、客車以外は重量区分を冠さないよう修正が加えられた。その結果、蒸気動車は頭ジハ、ジハニに変更となる。この「ハ」は2等車、「ニ」は荷物室付きを意味する。因みにホジ6005は、ジハニ6055と改称された。

　更に1928年5月、この規程は再度改正され、汽動車・気動車の頭には「キハ」、「キハニ」が冠せられ、番号も6400台となり、荷物室付きには6450番台（6450・6457）が割り振られることとなる。その結果、ジハニ6055型はキハ6450型となる。要するに、「ホジ」の時代には分類も大雑把で用途もはっきりしなかったわけである。称号規定が技術の進歩に追いつかず、舌足らずを生じていた、と言えよう。

　国有鉄道における客車称号規程については日本の客車編さん委員会『写真で見る客車の90年　日本の客車』（鉄道図書刊行会、1962年）や卯之木十三・森川克

二『国鉄 客車・貨車ガイドブック』(誠文堂新光社、1971年)などにも体系的記述は無く、典拠文献、収載箇所が拡散しているため、完璧を期し難いが、後藤猛・横田胤敏「客貨車」(鉄道常識叢書第九編)鉄道研究社、1935年、所収、片野正巳・赤井哲朗『陸蒸気からひかりまで』機芸出版社、1965年、鉄道百年略史編さん委員会『鉄道百年略史』鉄道図書刊行会、1972年、参照。

(10) 朝倉前掲『鉄道車輌(下巻)』254～260頁(第3世代)、都崎雅之助『わが国の鉄道車輌工業』コロナ社、1950年、298頁(日本国鉄での保有両数)のほか、青木栄一「蒸気動車の思想とその系譜」、中川浩一「日本における蒸気動車の沿革」、同「蒸気動車ノート」、谷口良忠「九州の蒸気動車覚書」、市上一二「工藤式蒸気動車」、今村潔「蒸気動車の保守を顧みて」、今城光英「1920・1950 終末期における私鉄の蒸気動車」(『鉄道ピクトリアル』No. 256、1971年10月、この号では「特集・蒸気動車」が組まれており、巻頭グラビアに多数の写真が掲載されている)、更に青木栄一「私鉄の気動車 その発達の系譜」(『鉄道ジャーナル』1980年3月)、『トレイン』No. 186, 1990年6月、18～21頁参照。

(11) Sass, F., *Geschichte des Deutschen Verbrennungsmotorenbaues VON 1860 BIS 1918*, Springer, 1962. S. 168. [　]内引用者。なお、最終行の1888は誤植ではないかと思う。

(12) 永井博「車輌用機関」(三木吉平・大井上博・永井博『自動車用機関・車輌用機関』内燃機関工学講座第10巻、共立社、1936年、所収)304頁。

(13) Sass, ibid., S. 241., (　)内は原文および原文における挿入。

(14) 佐竹達二・田中太郎「内燃動車」(『鉄道常識叢書 第九編 客貨車』鉄道研究社、1935年、所収)、3-90～3-95頁、朝倉前掲『鉄道車輌(下巻)』137～253, 292～328頁、多賀前掲『鉄道車輌』187～214頁、島前掲『最近の鉄道』77～96頁、坂上前掲『鉄道車輌工業と自動車工業』第1章第4節、第7章第1節参照。

(15) Cf. F. v. Löw, *Das Automobil sein Bau und sein Betrieb*, Wiesbaden, 1912, S. 295, Abb. 256. このほかにも複盤型、2つの円盤の接触角、接触位置を変えて聯動、変速、後進操作を行うもの等、様々なアイデアが登場し、実用化された。

(16) 樽谷一郎『ガソリン動車』潮刊行会、1933～39年、逐次改定、1939年改訂版100頁、第71図。この出版社は門司鉄道局教習所内にあり、樽谷は同所の講師であった。多作な人で、講義ノートをまとめる形で十数冊の著書を出版した。中でも10冊目に当たるこの『ガソリン動車』の初版などは門司鉄道局運転課長の指示で急遽、起草された講義ノートを元に「未だ一度も実物を見てないで書」かれた著作ながら、同じように実物未見のまま著された第5作『空気制動機』とともに版を重ね、"名著"となった。

(17) 世界的にも自動車用スプライン軸のホブ盤による加工は1911ないし1912年頃に始まった。しかし、そこで用いられたホブは理論的裏づけを欠く経験工学的作品であった。国産のスプライン・シャフト・ホブ第1号は1938年に完成したが、その形状に関する理論的ツメは先進諸国におけるそれよりも徹底していたという。成瀬政男『ドイツ工業界の印象』育成社弘道閣、1941年、214〜234頁参照。スプライン軸はフライスないしホブ加工後、熱処理し、最後にスプライン研削盤によって仕上げられる。スプラインのボス穴のキー溝も古くは1溝ずつスロッタ（竪削り盤）によって加工するほかなかったが、先次大戦前にはブローチ（通常、粗と仕上げの2本一組）を引いてすべての溝を一気に切る工作法が航空発動機部品及びプロペラ・ボスの加工をはじめ、各方面に普及した。大川元「航空機とブローチ」（『工作機械』第4巻第2号、1941年1月所収）参照。

(18) 坂上前掲『鉄道車輛工業と自動車工業』106〜107頁参照。鉄道省関係では築山閤二が次のように述べている。「自在接手は構造簡単な十字軸式（例、いすゞ）のものが実用に適する。構造が複雑なものは保守困難で潤滑不良である」（「保守、修繕の立場より観たる国産自動車の全貌 2．9．」戦前版『内燃機関』第3巻第9号）。陸軍側からは「自在接手操向用各桿接手ノ衰損多シ」（「現用国産自動車ニ対スル陸軍ヨリノ改善意見」の二、豊田自動車 3．）、「『ユニヴアーサルジヨイント』部ノ破損多シ」（「商工省自動車技術委員会第二回現地会議録 トヨタ自動車運行試験経過概要」（1939年10月16日）における上西甚蔵の意見）等、繰り返しクレームが寄せられた。

トヨタの構造についてはトヨタ自動車工業㈱『トヨタ部分品型録』1938年、参照。なお、トヨタは最初の方式を同じくトルクチューブ型の「新フオード車式ニ改メル様試作」（菅隆俊［商工省自動車技術委員会トヨタ現地会議議事録要録（1940年・10日）］）を行った後、遅くとも1944年のKG型トラック等からは十字軸継手を3個用いる標準的な方式に改めた。この変更については同社『2604年式 トヨタ トラック シヤシー KG型（軸間距離4米）仕様書』1944年、参照。

## 第2章 モーターにはモーターを
―― わが国における鉄道自衛策としての客車内燃化

### 1. 地方鉄道・軌道における客車内燃化

　日本における鉄道車輌内燃化の先駆けは自動車との競争に直接曝された弱小の地方鉄道ないし軌道であった。こういった企業体はその内部に技術者集団や車輌製造施設を擁していなかった。これらに車輌を供給したメーカーにも当初、大した顔ぶれは無く、まさに雑多な企業群であった。そして内燃車輌という新奇な分野が開拓されつつあった時点に限れば、大手中堅車輌メーカーよりも、間に合わせ的な技術をいち早く繰り出すことに長けた弱小車輌メーカーが斯界の開拓者として顕著な役割を演じた[1]。

　しかし、そうしたメーカーが動員した技術はダイムラー社が1899年型に提示したそれの延長線上に位置づけられるモノではなく、概ね既成の自動車部品を転用するという安直かつ器用な手練手管であった。実際、自動車の使用法も現在とは全く趣を異にしており、使い古した乗用車をトラックに改造することなど、日常茶飯事。そしてその延長線上に鉄道用ガソリン動車の"開発"があったようである。

　因みに、初期の本邦鉄道ガソリン動車に多数のパワーユニットを提供したことでも記録にその名を留めるT型フォードのパワートレインに着目してみよう。T型の場合、乗用車の終減速機には直歯傘歯車(すぐば)が用いられていた（減速比3.636または4.000）。これが貨物用のTT型になると減速比を稼ぐため、ウォーム／ウォームホイールが採用されていた（同5.167または7.250）[2]。

　ウォーム／ウォームホイールの自動車への採用はイギリスのF. W. ランチェ

スターが嚆矢で、1897年に遡る。これを自動車に用いるメリットは低騒音性、減速比を大きく取りやすいこと以外に、車室床面を下げ（乗用車）、あるいは逆にプロペラシャフトの高さを稼ぎやすいこと（商用車）、及び傘歯車より製造コストが低かったという点にある。戦前のダットサンは乗用にも貨物用にもこれを採用しており、減速比は5.80、6.50、8.67の3種、設定されていた（6.50は乗貨両用）[3]。

但し、ウォーム・ギヤと言っても、鉄道模型等に通常用いられるような非可逆の歯車ではウォームホイール（つまり車輪）側からのトルクによっては回転力が伝達されないから、こんなものを自動車に用いれば惰力走行が不可能となる。自動車に用いられるのはウォームホイール側からのバックトルクによってウォームを駆動することも出来る可逆ネジ歯車である。

フォードT型乗用車をトラックに改造する場合、フレーム延長等の造作を行うとともに自在継手から後の駆動系をTT型のそれに置き換え、担いバネを強化すれば良い。それ以上に延長するなら、延長軸を挿入する。

また、後車軸をいじらず、オリジナルの後車軸をフレームに剛結し、ホイールに替えてドライブ・スプロケットを取り付け、チェーン駆動で死軸に空転支持された後輪を駆動するトーベンセン式駆動に作り替える方途もあった。トーベンセン式は初期の重量車に相当数採用された方式で、その眼目は荷重負担と駆動力伝達とを別系統化し、機械的信頼性を高める点にあった[4]。

地方鉄道、軌道において用いられた小さなボンネットと前端一方のみの運転台を有する"単端式"なる自動車起源丸出しのガソリン動車にはチェーン駆動もウォーム駆動もあったと伝えられる。そのパワートレインはT型、TT型の技術及びその改造技術を借用することにより、捻り出されたモノと見るのが自然である。

T型の変速機は遊星歯車とベルト式摩擦クラッチを用いた構造で、その前後の期間を通じても、これが単体で用いた実績は乏しい。しかし、自動車用のトルクコンバータ付き自動変速機には最も普通に用いられている変速機構である。T型においてこれが先取りされたのは、この機構が歯車を常時嚙合せて

おくことを可能にしたからである。

　選択摺動式歯車変速機の嚆矢はダイムラーで1888年。ごく普通に用いられ、ダイムラーの1899年型動車にも搭載されていた密閉型の変速機箱内に平行軸と歯車を収容するタイプのモノですら1891年のパナールに始まると伝えられるから、その歴史は非常に古い。しかし、この方式の場合、変速に際して歯車そのものを離合させるため、噛合い時に歯の衝突による作動不具合、歯の異常摩耗や欠損が絶えず発生し、変速操作には熟練が要求された。遊星歯車式変速機は慣性能率が大きく、俊敏な応答性を阻害した上、ほかの自動車とは全く異なる聯動・変速操作を要求したが、機構的信頼性を重視したH. フォードの姿勢は単端式ガソリン動車メーカーにも受容されやすい考え方であったと言えよう。

　しかし、やがて蒸気機関車同様、前後対称たるべき鉄道車輌の本質を踏み外した単端式ガソリン動車は両側に運転台を有するより発達したガソリン動車によって代替される。この技術のシフトに際してユニット供給面で多大の貢献をなしたのがA型フォードである。ライバルGMのOHV 6気筒エンジン付きシボレーによってT型はその牙城を切り崩された。しかしフォードはA型開発に際しても力学的に優れた直列6気筒エンジンをそのクランク軸が長めとなることただ一点故に嫌い、不釣合い慣性力やトルク変動に起因する振動の面で不利をかこつ直列4気筒のレイアウトを墨守した。動弁機構も引き続き保守的なサイドバルブ（SV）方式で押し通した。この保守的思考と、かつてのキャディラックを思わせるとまで言われたH. リーランド直伝の品質管理のもとで生み出された開発成果たるA型は鉄道車輌の床下に搭載されるエンジンその他ユニットの品質並びに整備性という点に鑑みれば、誠に具合の良い特性を備えた質実剛健な素材であった。とりわけ背の低いSV型であったことは竪型エンジンとしての床下搭載性を高めた要因である。

　名門、日本車輌製造㈱は1927年以降、このフォードA型のエンジン、クラッチ、変速機などを用いた両側運転台付き軽構2軸車を量産し、これによって斯界に確固たる地歩を築いた。中堅メーカーはその模倣に走り（図2-1）、それも出来ぬ先発弱小車輌メーカーは駆逐された。一連のフォードA型ユニッ

図2-1 日本車輌型のフォードA型エンジン搭載・両側運転台式2軸ガソリン動車及びそのエンジン、駆動系（右下、逆転機、自在継手、スプライン継手）

別府鉄道、初代キハ2。空車重量6.00㌧。日車製の同鉄道キハ1の同型車で1934年、加藤車輌製作所製造、1965年廃車。加藤車輌製作所については湯口徹「戦前の私鉄内燃動車——初期の車両とメーカーを中心に」（『鉄道ピクトリアル』No. 658, 1988年9月）参照。『日本のディーゼル自動車』56〜57頁の記述は同社と加藤製作所とを混同したもので誤り。訂正しおわびする。

ト搭載ガソリン動車の量産を契機としてわが国にも漸くダイムラー1899年型動車を凌駕する水準のガソリン動車の時代が到来した。写真から明らかなように、日車型の地方鉄道向けフォードA型エンジン搭載・両側運転台式2軸動車はスプリング・マウントされたエンジン、クラッチ・変速機ユニットをフレームより懸垂し、スプライン継手と十字軸を用いる一般的なフック式自在継手を2個有するフォードの純正品とは異なるプロペラシャフトによって逆転機に動力を伝える構造を有していた。

続いて日車は1930年に朝鮮総督府鉄道局向けに車長17.83m、自重22.75㌧の大型ガソリン動車を完成させた。エンジンはウォーケシャ6RB型、クラッチはロング34-A型、変速機はコッタFA型、と主要ユニットはここでもアメリカ製であった。更に1931年、日車は車長18.4m、空車重量18.95㌧と、一層ス

第 2 章 モーターにはモーターを　23

図 2-2　ウォーケシャ・エンジンを搭載して誕生した日本車輌製・小型量産ボギー・
　　　　ガソリン動車ならびにその台車

別府鉄道キハ 2（二代目）。1931 年 7 月製造。車長 12.92m、空車重量 15.70㌧。当初、三岐鉄道キハ
ニ 5。戦時中の代燃化、代用客車化を経て 1950 年、旧陸軍統制系の小松相模ディーゼル DA55 に換装。
1964 年、別府鉄道に譲渡。1984 年、別府鉄道の廃止とともに廃車。現在、加古川市、同鉄道円長寺駅
跡にて保存展示中。
1982 年、加古川市の別府鉄道にて。

マートで、後の鉄道省標準動車、キハ36900型と比べてもより長く、より軽量
なガソリン動車を開発した。主要ユニットは外地向け車輌と同じであった。そ
の第一陣は江若鉄道キニ 4・5 となる。江若鉄道は新機軸を盛り込んだガソリ
ン動車の導入に熱心で、川崎車輌1931年製の同キニ 6（18m）には主動軸から

チェーン駆動で第2動軸を駆動する2軸駆動方式が採用されていた[5]。

これに続いて開発・量産されたのがやはりアメリカ製のユニットを搭載したより小型の片ボギー及びボギー車輌である（図2-2）。これらの車輌の多くにもアメリカの独立エンジンメーカー、ウォーケシャの6SRL型をはじめ、ブダ、コンチネンタル等の竪型ガソリン・エンジンが多数輸入搭載された。

当時、横型エンジンとしてはスイス、SLM のそれ（4-150×210、200/1000）が知られてはいたものの、日本には輸入されていない。床下搭載に有利な横型もしくは水平対向型エンジンの発達はやや遅れ、それも内外ともにディーゼルにおいてであった。ガソリン・エンジンにおいては冷間始動時、シリンダに極度にリッチな混合気、と言うよりむしろ大量のガソリンを液相で供するため、潤滑油の洗い流し作用が苛烈となる。これはシリンダ壁の偏摩耗という横型エンジン固有の欠点を加重する。上の状況はこれを恐れた結果と考えられる。この点、1935年、自動車工業㈱によって後述のD6型をベースとして省営試作連接バス用に開発された、スミダF6型エンジンなどは例外的存在に属する。

表2-1に当時、ガソリン動車に用いられていた主要ガソリン・エンジンの諸元比較を掲げる。この内、シボレーの1930年型以降とコンチネンタルR型はOHVであった。

こうした顔触れの内、独立エンジンメーカーのユニットと組み合わされたのが同じくアメリカ製のボルグアンドベッグやロング、フラーの乾式単板クラッチ、コッタの変速機などであった。そして、これらにおいてもフォードのユニットなどにおいてもプロペラシャフト回りには恐らくスパイサその他、要するにアメリカ製の出来合いの自動車用自在継手、プロペラシャフト伸縮継手、プロペラシャフト全体、等々が寄せ集められた。ガソリン動車の車体構造は客車や電車に準ず。したがって状況としては逆転機さえ国産化出来れば、これ以外のガソリン動車の主要ユニットはすべて米国製品で賄えたと推定されて良い[6]。

第2章 モーターにはモーターを

表2-1 わが国の私鉄ガソリン動車に使用された主要エンジンの例

| メーカー | 形式 | 気筒数 | ボア (mm) | ストローク (mm) | 排気量 (ℓ) | 標準出力 (bhp) | 標準回転数 (rpm) | 最大出力 | 最大回転数 |
|---|---|---|---|---|---|---|---|---|---|
| ブダ | 不明 | 4 | 88.9 | 127 | 3.14 | 20.4 | 1,000 | | |
| | H-199 | 4 | 95.24 | 114.3 | 3.26 | 24 | 1,000 | | |
| | H-298 | 6 | 95.24 | 114.3 | 4.27 | 36 | 1,000 | | |
| | DW6 | 6 | 95.24 | 127 | 4.75 | 37.5 | 1,000 | | |
| | WTU | 4 | 95.24 | 130.17 | 4.86 | 26.3 | 1,000 | | |
| | KTU | 4 | 101.6 | 133.35 | 4.32 | 29 | 1,000 | | |
| | BA6 | 6 | 104.77 | 130.17 | 6.74 | 48 | 1,000 | | |
| | ETU | 4 | 107.95 | 139.7 | 5.11 | 33 | 1,000 | | |
| | GL-6 | 6 | 114.3 | 152.4 | 9.42 | 69 | 1,000 | | |
| | BTU | 4 | 127 | 165.1 | 8.36 | 55 | 1,000 | | |
| シボレー | 1930 | 6 | 84.14 | 95.25 | 3.17 | 30 | 1,400 | | |
| | 1931 | 6 | 84.14 | 95.25 | 3.17 | 36.5 | 1,600 | | |
| | 1924 | 4 | 93.66 | 101.6 | 2.79 | 25 | 1,000 | | |
| コンチネンタル | 不明 | 4 | 104.77 | 133.35 | 6.9 | 35 | 1,200 | | |
| | E-603 | 6 | 107.95 | 114.3 | 6.27 | 72 | 1,600 | 95 | 2,500 |
| | 21R | 6 | 111.12 | 120.65 | 7.02 | 80 | 1,600 | 102 | 2,400 |
| | L4 | 4 | 114.3 | 139.7 | 5.78 | 37 | 1,000 | 43 | 1,300 |
| | 16H | 6 | 120.65 | 146.1 | 10 | 10.8 | 1,600 | 119 | 1,900 |
| | B5 | 4 | 120.65 | 152.4 | 6.94 | 47 | 1,000 | 53 | 1,400 |
| フォード | V8 | 8V | 77.79 | 95 | 3.61 | 38 | 1,500 | | |
| | T | 4 | 95.24 | 101.6 | 2.9 | 20.4 | 1,500 | | |
| | A | 4 | 98.42 | 107.95 | 3.27 | 30 | 1,400 | | |
| | AA | 4 | 98.42 | 107.95 | 3.27 | 32.2 | 1,400 | | |
| | B | 4 | 98.42 | 107.95 | 3.27 | 36.4 | 1,500 | | |
| | BB | 4 | 98.42 | 107.95 | 3.27 | 39.4 | 1,600 | | |
| | BBF | 4 | 98.42 | 107.95 | 3.27 | 43.5 | 1,800 | | |
| フォードソン・トラクタ | 不明 | 4 | 101.6 | 127 | 4.12 | 26.3 | 1,300 | | |
| ホルト | 不明 | 4 | 152.4 | 177.8 | 10.09 | 130 | 1,200 | | |
| ハドソン | 不明 | 6 | 88.9 | 130.17 | 4.83 | 40.5 | 1,400 | | |
| ミネルヴァ | 不明 | 6 | 90 | 140 | 5.35 | 30.4 | 1,300 | | |
| オークランド | 不明 | 6 | 82.55 | 107.95 | 3.45 | 29 | 1,200 | | |
| ピアスアロー | 6-S | 6 | 107.95 | 120.65 | 6.62 | 66.5 | 1,500 | | |
| ウォーケシャ | 6-TL | 6 | 85.72 | 120.65 | 4.18 | 57 | 1,800 | 68 | 2,500 |
| | 6-XL | 6 | 88.9 | 114.3 | 4.27 | 45.7 | 1,600 | 56 | 2,200 |
| | 6-XK | 6 | 95.24 | 114.3 | 4.89 | 52.8 | 1,600 | 64 | 2,200 |
| | XAK | 4 | 95.24 | 120.65 | 3.44 | 35 | 1,500 | 40 | 2,200 |
| | 6-MS | 6 | 95.24 | 120.65 | 5.16 | 57 | 1,600 | 70(73) | 2200(2,500) |
| | V | 4 | 101.6 | 127 | 4.12 | 38 | 1,400 | 45 | 2,000 |
| | 6-MK | 6 | 104.77 | 120.65 | 6.25 | 68.5 | 1,600 | 83(85) | 2200(2,500) |
| | SRS | 6 | 104.77 | 130.17 | 6.71 | 71 | 1,500 | | |
| | 6-KU | 6 | 107.95 | 120.65 | 6.62 | 66 | 1,500 | 80 | 2,000 |
| | Cu-4 | 4 | 111.12 | 146.05 | 5.67 | 45 | 1,200 | | |
| | 6-SRL | 6 | 111.12 | 130.17 | 7.57 | 78 | 1,500 | 97(101) | 2,000(2,200) |
| | 6-RB | 6 | 127 | 146.05 | 11.1 | 105 | 1,300 | 120 | 1,600 |
| ウィスコンシン | W | 4 | 104.77 | 127 | 6.57 | 38.5 | 1,200 | | |
| | VK | 4 | 107.95 | 127 | 6.92 | 39.5 | 1,400 | | |
| | 旧型 | 6 | 127 | 152.4 | 7.8 | 54 | 1,200 | | |

注) コンチネンタル16Hの標準出力は108.0の誤植かと思われるが、そのまま転載した。
　ウォーケシャ6-MS、6-MKの最大出力、同回転数、( ) 内はAlピストン使用時。
　ウィスコンシンVKはウォーケシャVKの入り組みと思われる。
　ブダ・エンジンの詳細寸法については永井前掲「車輌用機関」348～349頁、第7表参照。
　コンチネンタル・エンジンについては同346～347頁、第6表参照。
　ウォーケシャ・エンジンについては同342～343頁、第5表参照。
永井前掲書334～336頁、第3表を簡略化。

## 2. 鉄道省における客車内燃化 その1——標準化以前

### (1) キハニ5000型機械式ガソリン動車

　自動車運輸の伸張に圧力を感じた鉄道省はバスを中心とする所謂"省営自動車"の運行及び"省営自動車"用大型自動車の国産化支援に乗り出す一方、地方鉄道・軌道における実績を睨んで自らガソリン動車を開発し、就役させた。その嚆矢が1928年度に12両計画され、翌年7月汽車製造会社にて第1号車が竣工、8月に試運転、1930年2月より東海道本線、大垣—西濃鉄道市橋間の営業運転に投入（大垣機関庫に配属）されたキハニ5000型2軸ガソリン動車（図2-3上、2-4、車長9m、軸距4500mm、空車重量15.5トン、満載重量19トン強）である[7]。

　御覧のように、それはダイムラーの1899年式ガソリン動車に似た印象を有する2軸車であった。しかし定員43人のほか、荷物室には1トン、6.9m³までの荷物を積載出来るという重構造であった。単車運転を建前とするにもかかわらず鉄道省自身の車輌設計基準にとらわれるといった開発思想上の混乱の結果、本格的な連結器を備え、車端衝撃強度を持たせたフレームを有するこの重い車体は本形式に固有の欠陥であった。また、その動力ユニットの架装法もダイムラーのそれとは全く異なっており、些か間延びしてはいるものの、電車や電気機関車に広く用いられた釣掛式の応用形態をなしている。以下、本形式について全体の構成、エンジン周り、クラッチ、変速機、撓み継手、逆転機、ブレーキの順に検討してみよう。

　本形式において特徴的なのは機関枠、即ち動力ユニット及び動軸を担持する矩形の梯子状フレーム（図2-5）である。その一端は釣金具を介して車体のフレームに懸垂せしめられており、他端には終減速装置を収容する歯車箱が剛結され、駆動軸と機関枠との間では直接、荷重の伝達が行われる。ついでながら釣金具側のコイルスプリングも釣掛式のそれを借用したアイデアであろう。

図2-3　模索期の鉄道省ガソリン動車

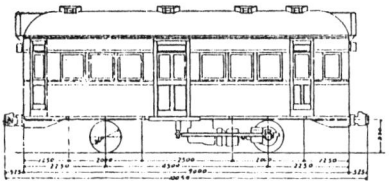

キハニ5000型

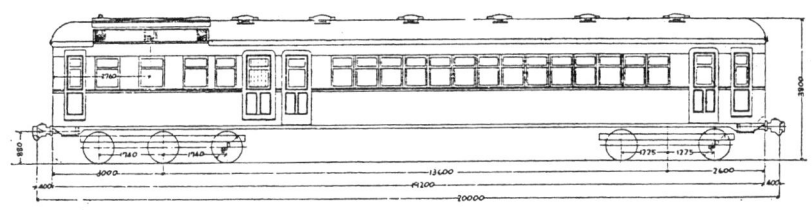

キハニ36450型

キハニ5000型（機械式）およびキハニ36450型（電気式）
朝倉『鉄道車輌（下巻）』265頁、第229図、267頁、第231図。

　そして肝心の機関枠にエンジンから駆動系まですべてを剛結してしまう構造はダイムラー1899年型のそれに近い発想——動力伝達系の簡略化、とりわけ自在継手の排除——の故であったと考えられる。

　何れの図にも示されていないが、キハニ5000型には担いバネとして自己減衰作用を備えた重ね板バネが用いられていた。駆動軸軸受ボスの上面は担いバネの座をなしており、概ね駆動ユニット重量の半分がバネ下重量となっている。2軸貨車並みの外観とは裏腹に、キハニ5000型の設計は前後の車軸相互のバネ下重量が全く異なるという意味において著しく対称性を欠く設計であった。

　日車型2軸動車の懸架装置には担いバネとしてコイルスプリングが用いられており、ガソリン動車用軽量ボギー台車のそれとの間には共通性が確保されていたものと推定される。自己減衰性を欠くコイルスプリングを用いていたにもかかわらずダンパーが装着されていなかったのはこの懸架装置におけるマイナス要因であるが、実際には軸箱と軸箱モリの「靴」(シュー)（摺動部材）との間の摩擦によってそこそこの減衰作用が果たされていたと考えられる。標準的な自動車

図2-4　キハニ5000型ガソリン動車の速度・引張力曲線

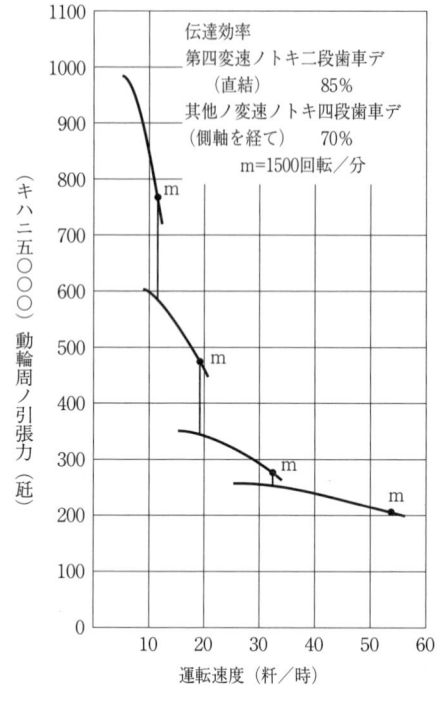

樽谷前掲『改訂　ガソリン動車』113頁、第85図。

並みのプロペラシャフトの使用によりパワーユニットの重量が駆動軸側のバネ下重量に加算されないのは明らかなプラス面である。

　これらの差が直ちに乗り心地、走行安定性の点で有意の差として現われたとも思えぬが、そのどうしようもないオーバーウェイトを度外視した上でこのエンジン・動力伝達系だけを眺めるだけでも、キハニ5000型がフォードA型の動力ユニットを搭載した日車製をはじめとする地方鉄道・軌道用軽快2軸ガソリン動車を技術的に凌駕したと評価されるいわれなど存在しない、と結論づけざるを得ない。少なくとも乗り心地だけならダイムラーの1899年型の方が余程、良かったぐらいであろう。

図2－5　キハニ5000型ガソリン動車の動力ユニット

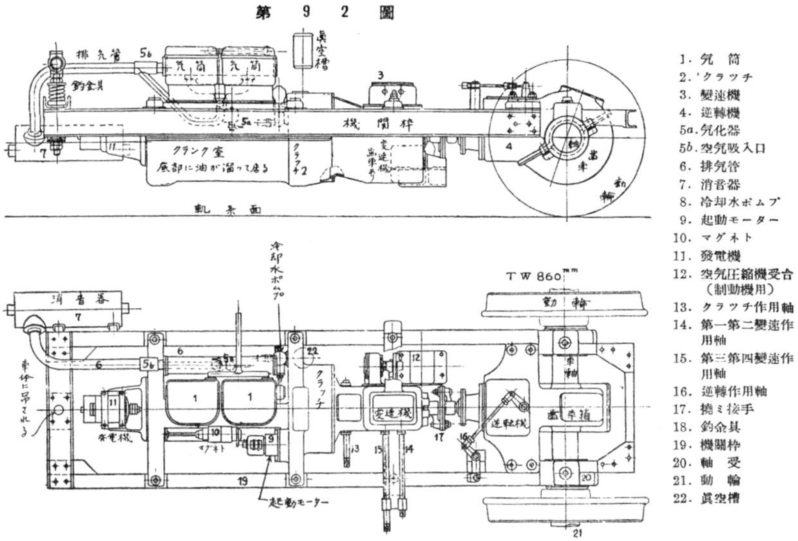
第 9 2 圖
排氣管
釣金具
氣筒
眞空槽
機關枠
クランク室
底部に油が溜って居る
軌條面
動輪
消音器
T W 860mm
冷却水ポムプ
クラッチ
變速機
逆轉機
發電機
マグネト
起動モーター
1. 氣　筒
2. クラッチ
3. 變速機
4. 逆轉機
5a. 氣化器
5b. 空氣吸入口
6. 排氣管
7. 消音器
8. 冷却水ポムプ
9. 起動モーター
10. マグネト
11. 發電機
12. 空氣圧縮機受合（制動機用）
13. クラッチ作用軸
14. 第一第二變速作用軸
15. 第三第四變速作用軸
16. 逆轉作用軸
17. 撓ミ接手
18. 釣金具
19. 機關枠
20. 軸　受
21. 動　輪
22. 眞空槽

同上書127頁、第92図。

表2－2　キハニ5000型に搭載された池貝エンジンの要目

| 気筒数 | ボア×ストローク | 排気量 | 標準出力 | 同回転数 | 最大出力 | 同回転数 | 重量 |
|---|---|---|---|---|---|---|---|
| 4 | 110×140 | 5.33 | 40 | 1,200 | 50 | 1,600 | 500 |

単位は前表に同じ。吸気弁啓開は TDC、同閉止は30° ABDC、排気弁啓開は40° BBDC、同閉止は10° ATDC。
進角機構は500rpm. より作動し始め、1,500rpm. まで作動。進角幅は30°とある。但し、静止状態での点火時期は不明。諸元は永井前掲書336頁、第4表より、弁開閉時期等は樽谷前掲書17頁第11図、73頁第52図より。

キハニ5000型のエンジンは池貝鉄工所製で、ベースとなる技術は舶用発動機、といっても海軍内火艇主機に類するものであった。その要目を表2－2に掲げる。エンジンそれ自身が鈍重であり、かつ19トンを超える車体重量に比して著しく低出力であった。

このエンジンについては具体的記述に乏しい。シリンダ、シリンダヘッドおよび主軸受周りの分解スケッチ図を掲げよう。

本エンジンにおいては10°のオーバラップが与えられており、一昔前、第1

図2-6　キハニ5000型用池貝エンジンのシリンダ周りおよび主軸受潤滑系

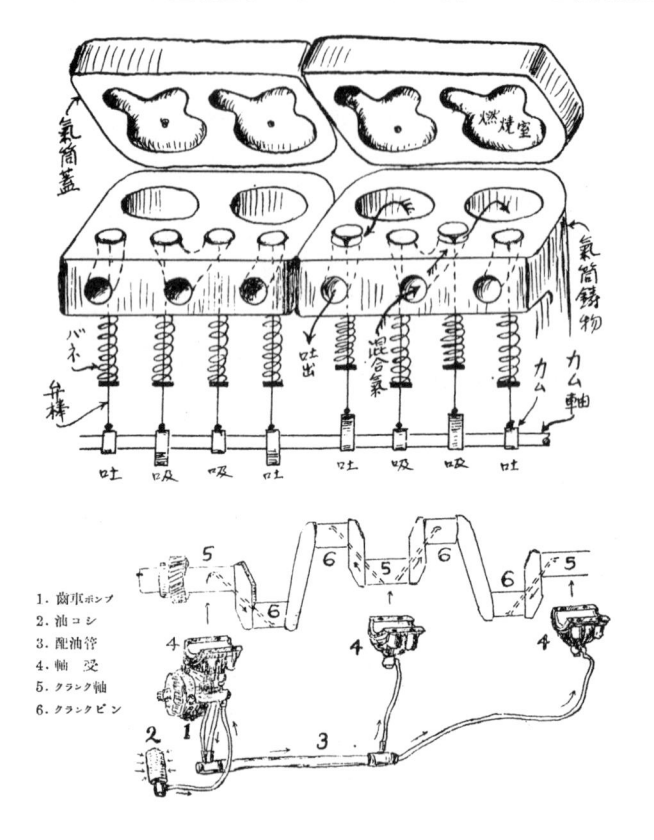

1. 歯車ポンプ
2. 油コシ
3. 配油管
4. 軸受
5. クランク軸
6. クランクピン

樽谷前掲書17頁、第11図、73頁、第52図。

次大戦期の航空発動機などよりは余程モダンな設計になっていることがわかる。その反面、主軸受は5個ではなく3個。そしてガソリン・エンジンについての経験不足を象徴するかのように、潤滑系は油管を引き回す野暮ったい方式であった。もちろん連桿(コネクチングロッド)に錐穴を明けて小端部、ピストンピンを潤滑するとともにピストンを内側から冷却するような構造にもなってはいなかった。

　燃料供給・吸気系統は図2-7のような構成で、ガソリンはタンクより吸気マニフォールドの負圧が作用する大型のフロート室である真空槽に吸引され、

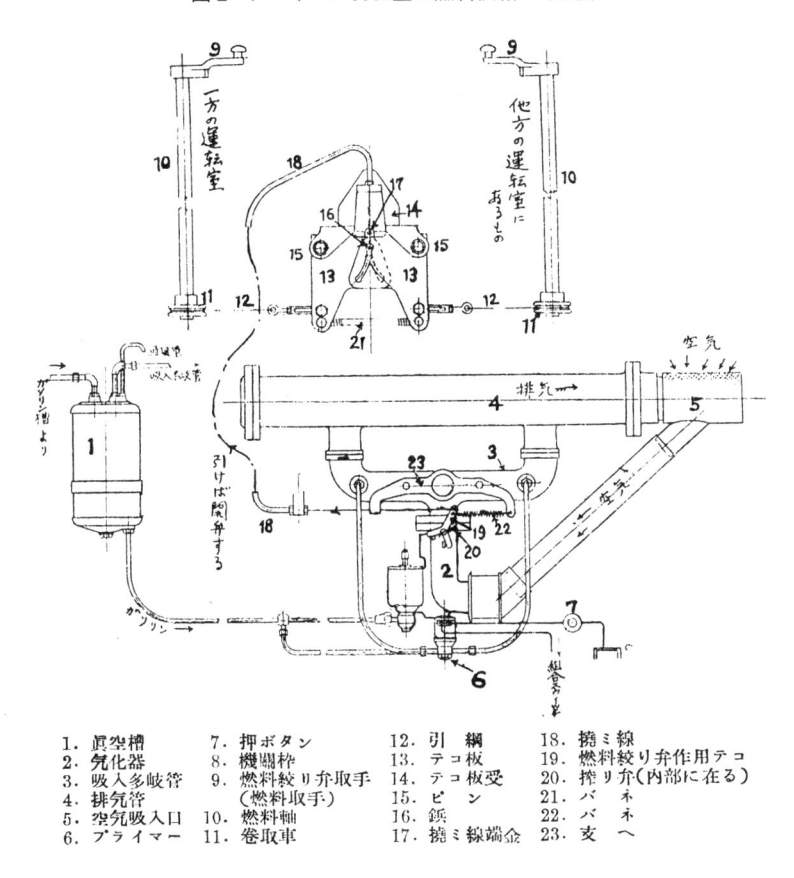

第2章　モーターにはモーターを　31

図2-7　キハニ5000型の燃料供給・吸気系

| | | |
|---|---|---|
| 1. 真空槽 | 7. 押ボタン | 12. 引　綱 | 18. 撚ミ線 |
| 2. 気化器 | 8. 機關枠 | 13. テコ板 | 19. 燃料絞り弁作用テコ |
| 3. 吸入多岐管 | 9. 燃料絞り弁取手 | 14. テコ板受 | 20. 絞リ弁(内部に在る) |
| 4. 排気管 | （燃料取手） | 15. ピン | 21. バネ |
| 5. 空気吸入口 | 10. 燃料軸 | 16. 鋲 | 22. バネ |
| 6. プライマー | 11. 巻取車 | 17. 撚ミ線端金 | 23. 支へ |

プライマーとは始動電動機の作動中、ガソリンを吸気マニフォールドに電気的に圧送する始動補助ポンプのことである。
同上書129頁第93図。同上書55頁、第42図、64頁、第49図も参照せよ。

ここからほぼ一定の落差を以って気化器のフロート室に落とされた。図中、5は排気熱により吸気を加熱し、冬季の燃料気化を容易にする目的で当該位置に設置された空気取り入れ口である。それ自体かなり複雑な仕掛けを内蔵する真空槽なる装置は1931年、いすゞ（自動車工業㈱）によって開発され、翌年に制式化された陸軍92式5ﾄﾝ牽引車（甲）にも採用されることになる。また、この

気化器は確かに、海軍内火艇主機に用いられていた気化器のひとつと同じ構造である(8)。

　点火装置は高圧マグネトー方式で、点火プラグ、ハイテンションコード共々、R. ボッシュの製品であった。ここには図示しないがマグネトーはその形状から見て恐らくTU-4型であったと思われる。因みに陸軍軍用車のエンジンや海軍内火艇主機に用いられていたのもボッシュやその模倣品である国産電機㈱の高圧マグネトーであった。発電機もボッシュ製品で定格12V、300W。始動電動機は24V6馬力、ボッシュのアマチュア・シフト方式が採用された（恐らく輸入品）。海軍内火艇主機は手動で始動させられたから、本形式のエンジンに採用された電装系を総合的に見れば、陸軍軍用車輌のそれとの共通性の方が強かった(9)。

　冷却系には工夫の跡が見られる。舶用エンジンにラジエーターは要らぬので、最も苦心したのはラジエーターであったと見て間違いなかろう。そのラジエーターとしては蜂の巣型と呼ばれるモノが車輌前後の前照燈上部に各一個配置された。典型的な蜂の巣型ラジエーターの放熱部は銅製の薄い帯板を両側縁部に段を付けつつ歯形波板状に成形したものを互いに半ピッチずらして重ね、接合部をハンダ付けした構造物で、その形状からこの名で呼ばれる。蜂の巣穴が空気流路を、段付きにより確保された巣穴相互間の隙間が水の流路を形成する。その特徴は占有スペース当り放熱面積が大きいことにあり、工芸品的外観もあいまって乗用車に多用された。その類のモノがここに用いられたのであるから、何か場違いな印象は避けられない。

　また、冬季においては循環経路を切り替え、車内暖房用放熱管に冷却水を巡らせる仕掛けが採用されていた。これは基本的に自動車における冷却水循環系と同じシステムではあるが、自動車と比べ随分持って回ったトラブルの起きやすそうな配管になっており、かつキハニ5000では冷却水持ち去り熱量（冷却損失）の車室容積に対する比そのものが遥かに小さかったこともあいまって、その効きの悪さは太鼓判である。

　クラッチは本形式において最も大きな改造を施された部分である。当初、採

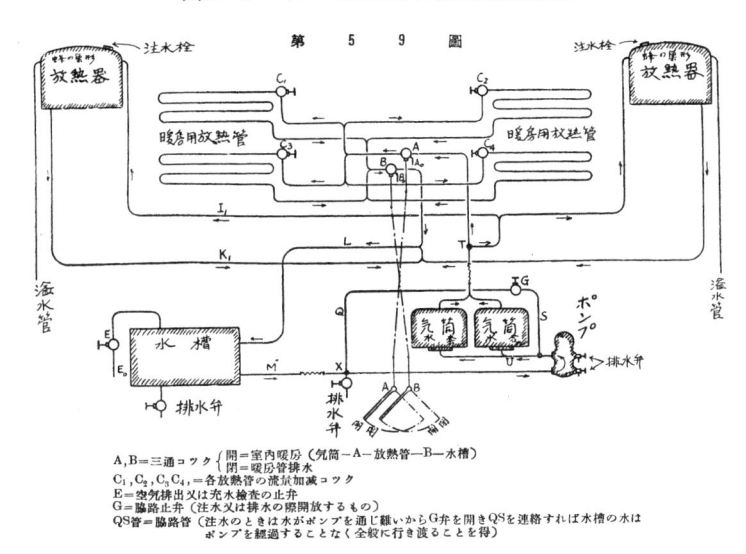

図2-8　キハニ5000型の冷却水循環経路

いかにも妙な格好の冷却水循環ポンプであるが、これはプランジャー・ポンプである。
樽谷前掲書82頁、第59図。

用されたのは円錐クラッチであった（図2-9上）。円錐クラッチは池貝製の舶用発動機にも用いられていたから、その採用は自然な選択であった。

　一般に、円錐クラッチは摩擦面積が限られるため強力なクラッチ・スプリングを要する。本形式におけるクラッチ操作は足動・純機械式であった。ペダル操作に際しては踏力、踏み代ともに大きかったと考えられるほか、リンケージはかなり込み入っており、剛性不足やガタによる影響が出やすく、調整が難しそうである。例えば切れやすくすれば繋がり難くなる、といった状況を呈したと思われる。果たせるかな、1929年8月の試運転でいきなりクラッチの滑りによる走行不能に陥るなど、このクラッチ・システムの成績は芳しくなかった（図2-9下）。

　なお、改造によるものか当初からの設計か、恐らく後者だと推定されるが、この円錐クラッチの受動側円錐には動力静加装置なる仕掛けが施されていたようである。これは図2-9上のような構造で、バネと遠心力によりフェーシン

図2-9　キハニ5000型に当初採用された円錐クラッチ及び同、動力静加装置ならびにクラッチ・リンケージ

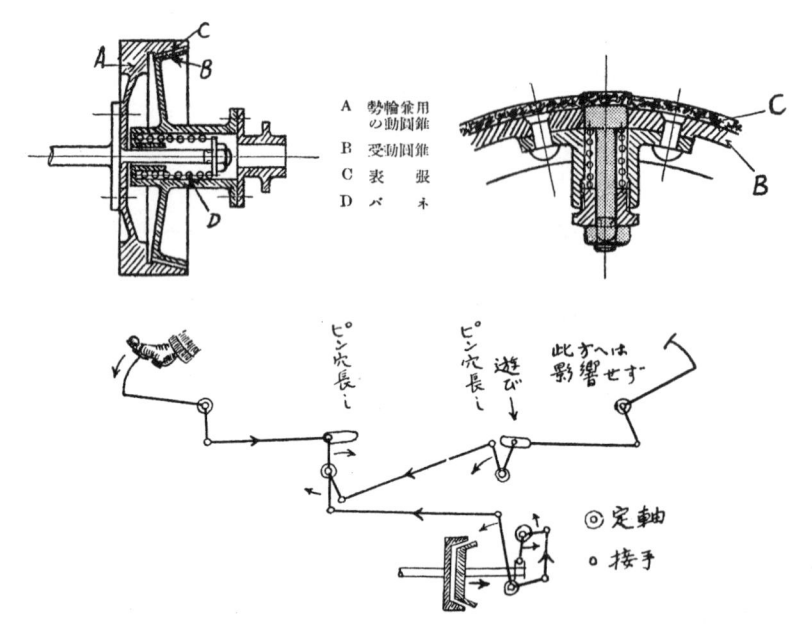

Bの摩擦面には石綿と銅線を織り交ぜたフェーシングCが貼り付けられていた。
同上書88頁、第62図、89頁、第63図、131頁、第95図。

グの一部を僅かに突き出し、クラッチミート時の衝撃を緩和する仕掛けである。類例には乏しい。元より推進器(プロペラ)に滑りを伴う舶用エンジンにこんな仕掛けは不要である。

　その後、時期は特定出来ないが、この円錐クラッチはクラッチ板3枚を有し、乾式であることを別にすれば、現今のモーターサイクル用クラッチに似た構造を有する図2-10のような多板クラッチに変更された。因みに国産自動車用クラッチとして多板式は黎明期までの存在であったが、海軍内火艇用の逆転機には逆転機一体型（フライホイール側に遊星歯車式逆転装置が組み込まれた）多板式摩擦クラッチが用いられている[10]。

　変速機の方は一貫して操作性に劣る選択摺動式の4段変速機であった。円錐

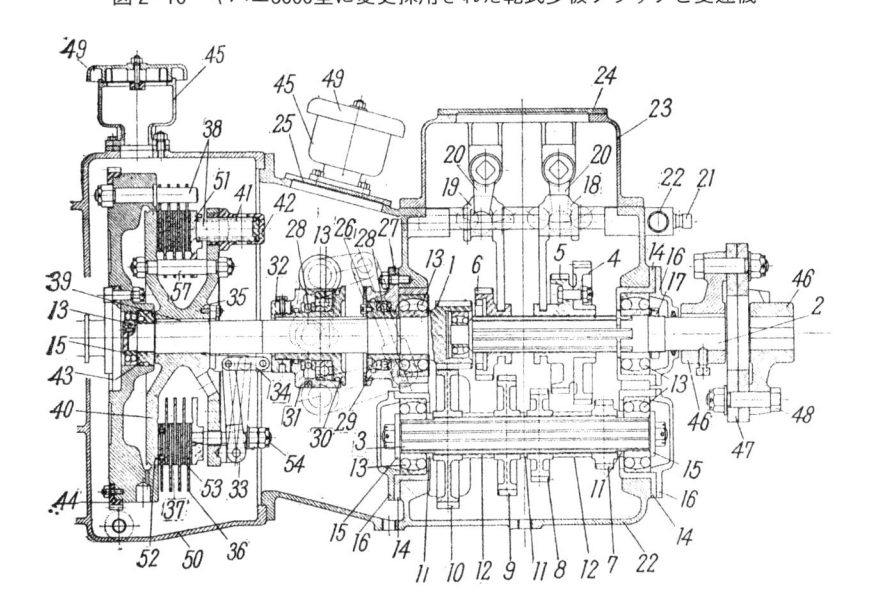

第2章 モーターにはモーターを　35

図2-10　キハニ5000型に変更採用された乾式多板クラッチと変速機

機関車工学会『ガソリン動車名称辞典』交友社、1935年、172頁、第113図、および171〜175頁の解説、データ参照。本図は工藤政男「ガソリン動車から機械式ディーゼル動車へ」『鉄道ピクトリアル』No. 177［1965年11月］、図に2として再掲されている。但し工藤はこれがキハニ5000のものとは明記していない。

　クラッチは受動側の慣性モーメントが大きく、スピニング（変速時、クラッチを切断しニュートラルに入れた時点における受動側の慣性トルクによる回転）のためにシフトアップ操作を阻害しやすい。このため受動側の円錐はアルミ合金等を用いて軽く造られるが、更にスピニングの影響を抑止するため、ペダル操作時、接触片を受動円錐と一体に回転する円盤に押し当て、後者の制動を図るクラッチ・ブレーキを併設する場合があった。

　キハニ5000に当初採用された円錐クラッチにこれが設けられていたか否かまでは判らない。自動車に経験のない池貝の製品であれば、クラッチ・ブレーキなど無かったのかも知れない。もしそうであれば、こんなモノと選択摺動式変速機を組み合わせたのであるから、操作性の劣悪さは極限的であったと考えら

れる。これを後年、多板クラッチに改めたわけであるが、慣性モーメントの小さい多板式クラッチ故か、クラッチ・レリーズ・カラー（30）の辺りを眺めてもクラッチ・ブレーキらしい仕掛けは見当たらない。してみれば、操作の難しさは五十歩百歩であったかも知れぬ。

　ダイムラー1899年型と同様、エンジン・動力伝達系を一体剛性支持した構造のため、動力伝達系に自在継手は不要であった。機関枠の捩れ、撓みその他による微妙な軸心の傾斜、ズレを吸収させる目的で、ハーディー式撓み継手がただ１個、変速機から逆転機に至る結合部に配されていた。これは弾性を有する円盤を２ないし３叉腕のフランジとボルト結合した継手で、円盤の材料としては丈夫な麻布の積層品等も用いられたが（例えば初代トヨタAA型乗用車の変速機出力部）、当該品は布入りのゴム製円盤を３叉腕のフランジとボルト結合したモノであった。逆転機は前掲した通りの構造で、定番そのもの。操作は機械式であった。

　ブレーキは単車運転を本旨とする限り、自動車と同じ操作性を有するシステムが便利である。しかし、故障、ないし通常の回送時、列車最後部に連結する場合もあるため、本形式に採用された制動装置は客車のPF型空気制動装置にP2形３動弁を組込み、G1型制動弁により操作する構成の所謂GP型（ガソリン動車、P型３動弁の謂い）「自動ブレーキ装置」であった。その名に反し、「自動ブレーキ」はオンオフのパルス制御のみで"緩ゆるめ"操作が出来ないのだが、それが可能な「直通ブレーキ」がガソリン動車に搭載されるのはまだ先のことになる。

（２）　キハニ36450型電気式19ガソリン動車

　これに続いて1930年度に計画、1931年に２両（日車、川崎車輛）だけ製造されたのがキハニ36450型電気式ガソリン動車である（図２-３下）。本形式は、米原機関庫に配属され、11月よりキハニ5000の後を承けて東海道本線彦根～北陸本線長浜間、1940年10月からは米原～虎姫間にも投入された。２両の36450は1931年３月に開業した近江鉄道米原線の電車に対抗するためのフリークエン

ト・サービスの担い手として投入された。このキハニ36450は番号と機関室配置に注目する者にはネオ・キハニ6450然とした、車体の容姿、設計思想、工作を重視する者にはクハ47型電車ソックリとの印象を与える多重人格的存在である[11]。

本形式は鉄道省として初めての電気式ガソリン動車である。エンジン・発電機は床上、機関室内に搭載され、乗車定員84名以外に若干の荷物を積載可能であったほか、荷物室には動車自身と付随車を暖房するための蒸気発生装置が収容されていた。

下回りは機関室側が3軸ボギー台車、反対側が2軸ボギー台車という重厚ないでたちであった。単車最高速度75km/h、ボギー客車1両牽引時の最高速度68km/hと、走行性能は前作に比べて格段に向上せしめられていた。車体全長はキハニ5000型の2倍強に当たる19.2m、台車中心間距離13.6m、運転整備重量も3倍近い44㌧、定員込みの総重量は49.1㌧にも及んだ[12]。

本形式においてもエンジンは池貝の既製品であった。その概要については本書カバー図（機械学会『国産機械図集』1932年、図5-2より）参照。要目は表2-3の通りである。

表2-3　キハニ36450型に搭載された池貝エンジンの要目

| 気筒数 | ボア×ストローク | 排気量 | 標準出力 | 同回転数 | 最大出力 | 同回転数 | 重量 |
|---|---|---|---|---|---|---|---|
| 6 | 165×190 | 24.3 | 230 | 1,250 | 250 | 1,500 | 2,000 |

単位は表2-1に同じ。重量は直結の発電機こみ。連続定格出力は200馬力。
機械学会『国産機械図集』図5-2、永井前掲書336頁、第4表より。

主電動機は直流直巻補極付きで1時間定格80kWのものが後部、2軸ボギー台車に2基搭載された。電装品は24V、点火はマグネトー。主発電機は直流他励磁補極付き、連続定格135kW、750V。励磁機は40V、1.6kW直流複巻発電機。蓄電池は24V 140Ah（12V70 Ah 2個直列？　但し時間率不明）。

制御はGEによって開発されたレンプ式制御方式によった。本方式においては励磁機の界磁は蓄電池の一定電圧により励磁される。一方、この励磁機内に

は主回路と結ばれ、主回路電流の増減に応じてこの励磁機界磁の発する磁束と対抗する磁束を生ずる差動界磁コイルが組み込まれている。後者の対抗作用によって励磁機の発生電圧、したがって主発電機の発生電圧は主回路の負荷状況に応じて自動調整される。

キハニ36450型は当初から付随車1両の牽引を常態とする運用法を想定されていたが、1936年には木製直流付随車サハ19025を改造したキクハ16800型気動付随制御車が竣工、キハニ36451との併結により付随制御車の運転台からの制御が可能となり、その運用上の利便性が高められた。

しかし、機械的信頼性や運用性には優れていたものの、当時の技術的条件のもとでは電気式ガソリン動車は重く、エネルギー変換の重複による効率低下のため比出力は低く、高コストであった[13]。その上、この手の車輛はその整備運用に機械と電気の経験、知識を必要とする。かかる欠点ゆえにこの電気式ガソリン動車は忌避され、大成せぬまま、戦時下、その使命を終えた。

鉄道省の試作ガソリン動車2形式は機械式にせよ電気式にせよ、あり合わせの材料、規格を前提に急ごしらえした習作であった。何れも技術的実験台としての、とりわけ次のステップのために消去法的なデータ・サンプリングがなされた点での意義は認められようが、一体何を確かめたかったのか、その狙いのほどを図りかねる作品ではあった。そもそも、同時代にはすでに弱小メーカーによって、あるいは日車、川車等によって地方鉄道や外地向けに軽量構造のガソリン動車が製品化され、成功を収めていた。この点に鑑みれば鉄道省のいかにも大仰な自前・国産主義は非効率な単なる回り道であった。外部からの潤沢なエネルギー供給に頼れない内燃動車に軽量車体が不可欠であることなど、経験ではなく計算によって確認されるべき命題であった。経験ならダイムラーの時代に、とっくに済まされている。キハニ5000型やキハニ36450型の建造を実際に担当させられたメーカーのシラケ振りが思いやられる。

図2-11 鉄道省標準ガソリン動車 キハ36900（41000）型及びキハ42000型

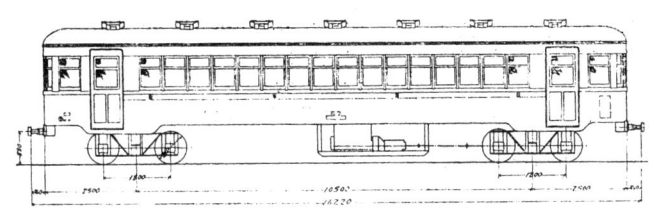

キハ36900（41000）型

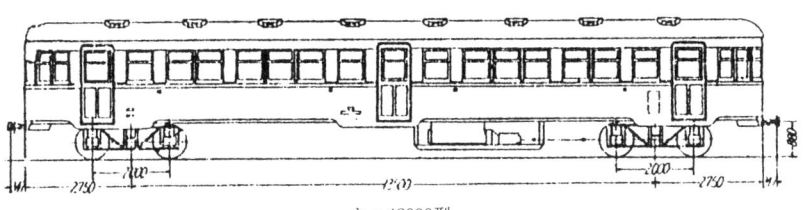

キハ42000型

36900：車長15.5m、台車中心間距離10.5m。42000：車長19m、台車中心間距離13.5m。
鉄道省工作局車輌課『ガソリン動車　形式キハ36900説明書』1頁第1図、朝倉前掲書、287頁、第254図より。なお、42000については日本機械学会前掲書『改訂 国産機械図集』1937年、148頁掲載の3面図が最も詳しく、暖房装置やガソリンタンクなど床下機器配置も表現されている（本書カバー図参照）。ここではバランスを考え、簡単な型式図の再掲にとどめた。

## 3．鉄道省における客車内燃化　その2——標準ガソリン動車

### (1) キハ36900（キハ41000）型機械式ガソリン動車

鉄道省として初の基礎から本格的に設計された内燃動車はキハ36900型機械式ガソリン動車である。その開発に当り、従前の作品が思想的混乱と技術的寄せ集めに終始して失敗した経験を踏まえ、朝倉希一工作局車輌課長より開発方針として次のような原則が提示された[14]。

1．単車運転を原則とし、車端衝撃強度は考慮しない。
2．重量及び空気抵抗軽減のため車体断面積を小さくする。
3．車軸は軽量の「短軸」とし、軸受はコロ軸受とする。
4．ブレーキは直通・自動併用の新方式とする。

5．連結器は簡易・小型のものとする。
　　6．エンジン、動力伝達系にはメートリックのネジを用いる。
　これより先、鉄道省は国産自動車の性能・品質に係わる比較試験を行っており、また所轄官庁であった商工省のもとで進められつつあった商工省標準形式自動車制定プロジェクトに自動車ユーザーと技術者集団を擁する中立的組織という2つの顔を併せ持つ官庁として主体的に係わっていた。工作局車輌課には自動車技術に造詣の深い技術者が集まっており、機械式ガソリン動車の設計を一から始められる体制は出来上がっていた。
　新しい標準動車の開発計画は1932年度当初にスタートし、秋には田中太郎を主担者として設計が進められたGMF13と称する6気筒ガソリン・エンジンが竣工、台上試験で連続定格100馬力、最大150馬力の計画性能が確認される。動力・制御装置関係の統括には島秀雄、詳細設計には北畠顕正、車体・台車関係には佐竹達二といった大物が配され、翌1933年8月には早くも第1次量産車36両が完成する。その概要を示す線図を掲げておこう。
　第2の線図については解説が必要であろう。縦軸は加速力（余裕駆動力）を示し、牽引力（kg）から走行抵抗（kg）を引いた値を列車総重量（t）で除したモノ（kg/t）。因みにこの値は勾配抵抗にも相当し、線路勾配を‰表示した値に等しい。横軸は速度（km/h）である。加速力曲線（Cなど）からは速度線、時間線が煩雑な図式的方法によって求められ、加速度が割り出される。
　図中、AはC51型蒸気機関車が300㌧の客車を牽引する近距離各駅停車、BはC51が400㌧を牽引する急行ないし各駅停車、Cは京浜線で運行されるM（電動車）T（付随車）編成の省線電車を表す。
　キハ36900型の加速力曲線は各ギヤ・ポジション毎に描き分けられた4つの曲線で、エンジン回転数（及びトルク）の変化に対応した変化が示されている。実際の運転では各段の例えば800～1,000rpm.付近を渡るように変速操作を繰り返しつつ加速するわけである。
　この線図を概括すれば、キハ36900は加速力の点で遥か電車の後塵を拝するものの、蒸機列車、それも時代の花形機関車C51牽引列車をかなり凌ぐ低・中

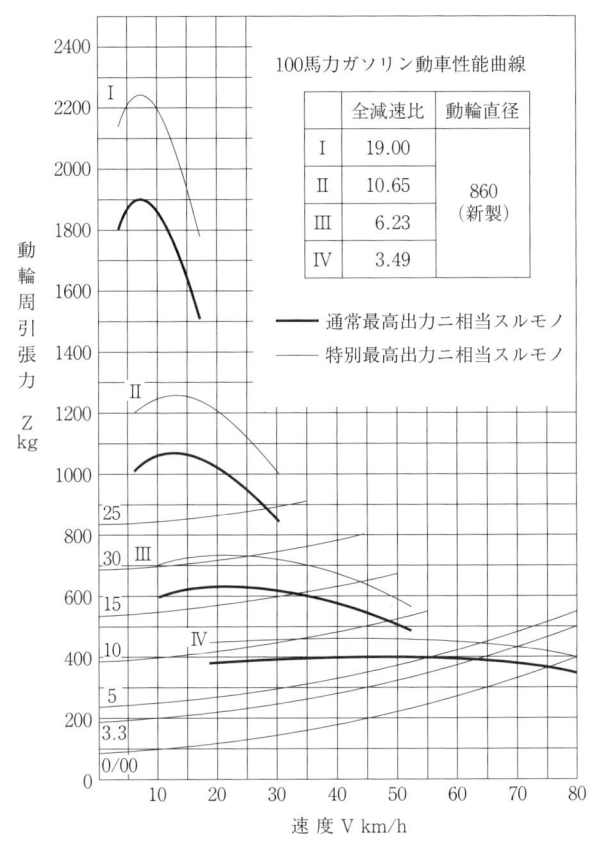

図2-12 キハ36900（41000）型ガソリン動車の速度・引張線力曲線

100馬力ガソリン動車性能曲線

| | 全減速比 | 動輪直径 |
|---|---|---|
| I | 19.00 | |
| II | 10.65 | 860 |
| III | 6.23 | (新製) |
| IV | 3.49 | |

―― 通常最高出力ニ相当スルモノ
― 特別最高出力ニ相当スルモノ

同上書61頁、第87図より。

速ダッシュ力を有していたことになる。最高速度は重連試運転で100km/hを記録したと伝えられる。

　この車長16.22m、自重22㌧、座席定員62名、立席定員47名、計109名の、総重量30㌧の標準動車については資料も豊富である。すでに多くのことが語られているので、総花的記述は控えるが、それが軽量車体、軽量台車、日本精工㈱ならびに東洋ベアリング製造㈱によって国産化されたティムケン（米）タイプの円錐コロ軸受など、エンジン、動力伝達系以外の面でも意欲的な新機軸の結

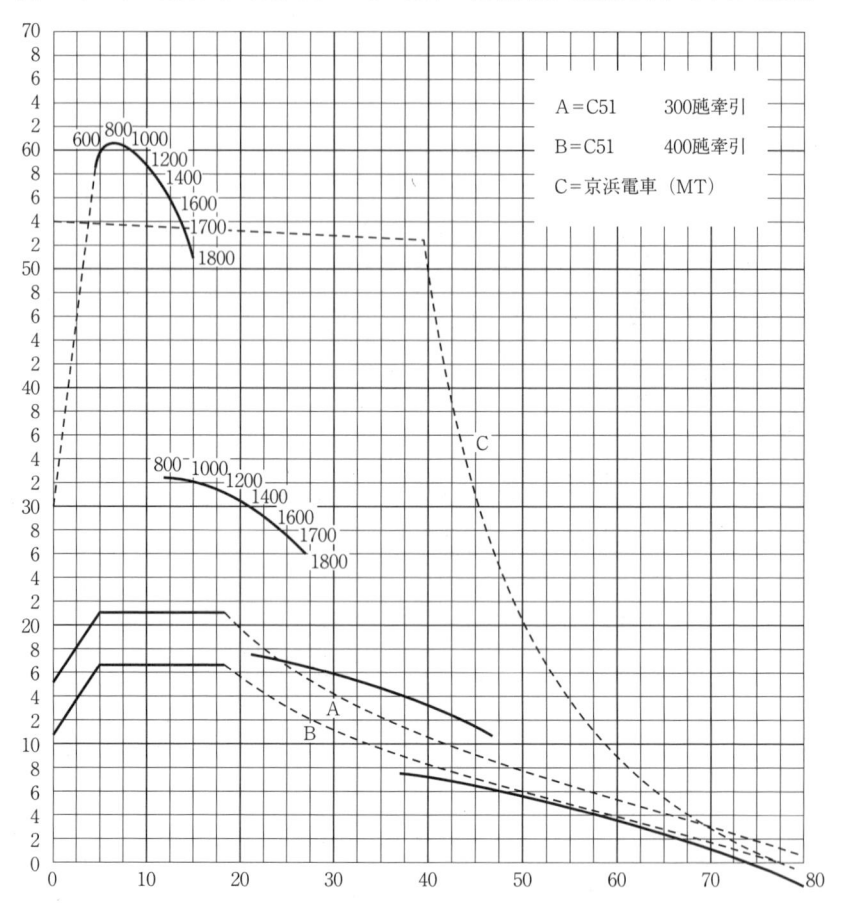

図2-13　キハ36900（41000）型ガソリン動車の運転曲線（蒸機列車、電車との比較）

A = C51　　300瓲牽引
B = C51　　400瓲牽引
C = 京浜電車（MT）

鉄道省運輸局運転課『キハ36900形　ガソリン動車の構造と其取扱方に就て』より。

集であった点は再確認されてよかろう[15]。

　即ち、車体幅は通常の2,800mmに対して2,600mm、高さも3,865mmに対して3,535mm。車端形状には空気抵抗軽減のため、丸みが付けられ、フレームは車端衝撃を考慮に入れず、垂直荷重に対する強度のみを考慮した設計がなされた。材料は中梁2本がコの字断面（203 [t = 9.5] × 76 [t = 13]）の溝型

鋼、側梁2本は同じく125×75（t＝10）の溝型鋼で、当て板類を極力廃した上、台車枕梁上部及び機関釣下げ部を除いて溶接により組み立てられた。

　TR26という形式を振られている軸距1,800mmの台車は菱枠台車(アーチバー)と呼ばれる棒鋼の組み立て品で、先行して開発された貨車用TR20型台車を軽構化した上、軸バネを追加したような構造を有している。枕バネを下揺れ枕として兼用することによって下揺れ枕は省略された。この点は前掲した日車製地方鉄道向け軽量大型動車用の軽量台車と同工、と言うよりはその模倣である。車軸は貨車用の既製品で7㌧短軸と呼ばれるもの。当初の1932年度製造分については廃車となった貨車の部品が選別、流用された。また、エンジン自体の形状から派生する制約によりクランク軸センターは車体中心線より進行方向右に50mmオフセットされており、変速機出力軸もその延長上に位置したから、車体中心線と合致し、変速機主軸より50mmばかり低い所に位置した逆転機主軸との間にはズレがあり、プロペラシャフトは水平、垂直いずれの面内においても若干、斜めに走っていた[16]。

　単列円錐コロ軸受は日本精工と東洋ベアリング製造によって開発・製造された。日本精工製には内輪の、東洋製にはコロの割損が目立ったと記録にある（『ガソリン動車名称辞典』288頁）。

　単列円錐コロ軸受を使用する場合、プリロードをかけてやらねばならない。これには調節ナットの締付と、厚さ0.5mm、0.25mm、0.125mmという3種の真鍮または銅製シムの入れ替えで対処したが、日常整備に際しては軸箱蓋の開放は厳禁された。また、耐久性を重んじて、当初は高価なライジングサン（米）製のグリースが採用された。このグリースは約1年半の寿命を見込まれた。

　ブレーキは「直通・自動併用の新方式」を、との原則が掲げられていたにもかかわらず、キハ36900の装置はキハニ5000型の装置と「全ク同ジモノ」であった（製造は日本エアブレーキ、三菱電機）。しかし、1933年度のキハ41000に至り、ブレーキ装置はキハニ5000、キハ36900に装備されていたGP型「自動ブレーキ」装置から、GP型に「直通ブレーキ」装置を組み合わせたGP-S型（Sは直通ブレーキの謂い）に進化した。GP型のような"段階ゆるめ"が利か

図 2-14　同一縮尺で表示したスミダ D6型・GMF13型・GMH17型ガソリン・エンジン

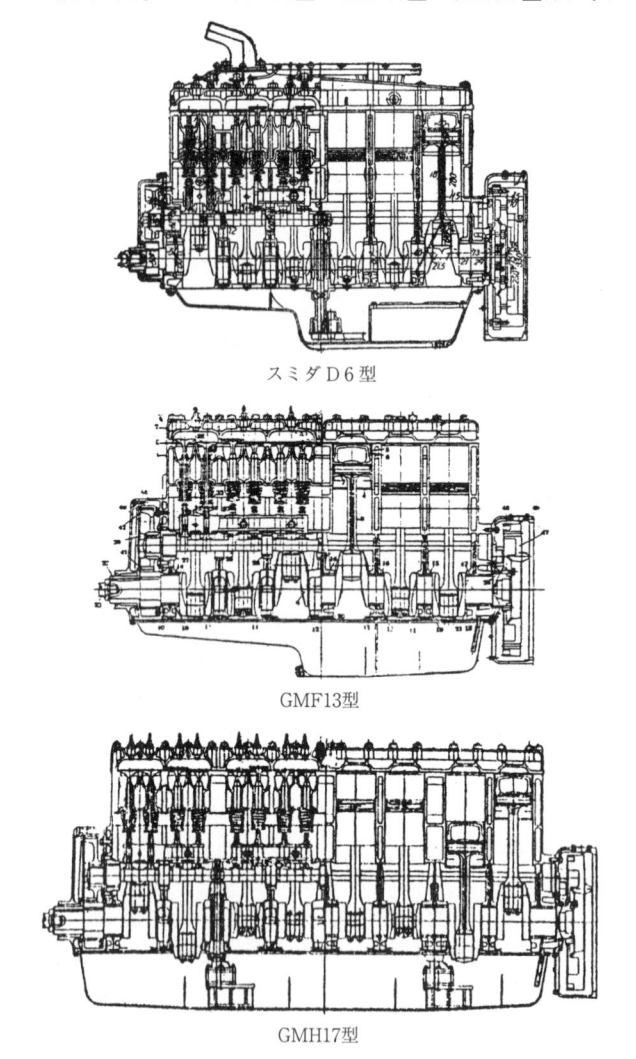

スミダ D6型

GMF13型

GMH17型

永井前掲書、314頁、第20図Ⅰ、築山閏二『内燃機関』山海堂、1939年、222頁、第92図（a）、（b）、永井前掲書、355頁、第46図より。なお、スミダ D6型に関しては日本機械学会『改訂 国産機械図集』78〜79頁の図が恐らく最も詳しい。

ない「自動ブレーキ」に対してG2A型制動弁を用いるGP-S型は必要に応じて"段階ゆるめ"の利く「直通ブレーキ」として使用することも「自動ブレーキ」として使用することも出来た。この改変により操作性は向上した。「自動ブレーキ」は輸送需要増大に応えるために止む無く実施された重連運転のために欠くべからざる機構であった。なお、空気圧縮機は従来の2気筒、C-420型が引き続き採用された(17)。

連結器はすでに日車が地方鉄道向けガソリン動車用に開発していたものが「国有鉄道建設規定」に合致するよう多少改変された上、採用された。通常の機関車用座付き連結器が1両分約500kgであったのに対して、この小型自動連結器は1両分、約170kgと、著しく軽量であった。

最後のネジ云々については商工省標準形式自動車プロジェクトがメートル法細目ネジをはじめ、わが国の工業規格制定の母体となったことを確証する事例と言えよう。

エンジン関係については精粗様々な記述が散見されるが、圧縮比に言及したものは案外少ない。善意に解すればこれはガソリンのオクタン価が低く、無過給エンジンにおいてさえ5.0前後を大幅に超える設計が困難であった時代の制約であろう(18)。

要目(表2-4)からわかるように、従前2形式と比べ、低い回転数でトルクを出せ、しかもより高い回転数まで回せる点で、格段に近代化されたエンジンである。但し、次表のテスト結果によれば確かに最高2,005rpm.まで回っているものの、「連続出力曲線……に就ても〔2,000rpm.まで描かれているが——引用者〕標準回転速度1300rpmを超えて長く運転することは避く可きで……」などと解説されているところから見て、上の標準連続というのは事実上、連続定格ないし連続最大(MCR)の謂いとなる(19)。

表2-5はGMF13の台上試験結果の要約である。

以下、前節までの記述と相関する点のみを列挙すれば、商工省標準形式自動車用スミダX型エンジン同様、動弁機構はSV式で、シリンダブロックとクランク室は一体鋳造。重量は決して軽いとは言えないが、シリンダ壁に数回の

表2-4　GMF13型ガソリン・エンジンの要目

| 気筒数 | ボア×ストローク | 圧縮比 | 排気量 | 標準連続出力 | 同回転数 | 最大出力 | 同回転数 | 総重量 |
|---|---|---|---|---|---|---|---|---|
| 6 | 130×160 | 4.8 | 12.74 | 100 | 1,300 | 150 | 2,000 | 750 |

単位は表2-1に同じ。吸気弁開啓はTDC、同閉止は40°ABDC、排気弁開啓は45°BBDC、同閉止は5°ATDC。
諸元は永井前掲書6頁より。但し圧縮比は菊池五郎『自動車工学』岩波書店、1938年、190頁より。弁開閉時期は樺谷前掲書、8頁、第6図より。

表2-5　GMF13（No. GMF74）台上試験成績

| 番号 | 回転数 rpm. | トルク kg/m | 出力 PS | 燃料消比率 ℓ/h | 同左 ℓ/PS-h | 冷却水入口温度°C | 同出口温度°C | 潤滑油温度°C | 同圧力°C |
|---|---|---|---|---|---|---|---|---|---|
| 1 | 612 | 66.2 | 56.8 | 19.8 | 0.349 | 60 | 73 | 68 | 1.5 |
| 2 | 815 | 67 | 77.2 | 26.4 | 0.342 | 63 | 75 | 70 | 1.8 |
| 3 | 1,023 | 68 | 97.3 | 33.3 | 0.342 | 68 | 78 | 74 | 2.2 |
| 4 | 1,213 | 68.8 | 116.7 | 38.7 | 0.333 | 65 | 77 | 75 | 2.3 |
| 5 | 1,432 | 65.9 | 132 | 43.2 | 0.327 | 67 | 79 | 73 | 2.6 |
| 6 | 1,610 | 64.5 | 145 | 48 | 0.331 | 68 | 79 | 75 | 2.8 |
| 7 | 1,795 | 60.4 | 150.1 | 51.6 | 0.344 | 67 | 76 | 74 | 2.8 |
| 8 | 2,005 | 56.6 | 158.3 | 55.5 | 0.351 | 65 | 77 | 72 | 3.0 |

試験年月日、1933年11月4日。気化器トキハV35。気温18℃。測定時間2分。スロットル全開（全負荷）。
菊池前掲『自動車工学』190頁より。

　ボーリングの後、ライナを圧入出来るよう、8mmの厚さを与えたやや冗長な設計になっているのも過重量の一因ではある。自動車エンジンとは異なり、全高を下げるためシリンダヘッドは3気筒ずつに分割、冷却水取り出し口を側方下向きに配置することで床下搭載性に配慮している。冷却水循環ポンプはもちろん、渦巻ポンプとなった。

　ピストンは特殊鋳鉄製。連桿軸は錐穴加工により潤滑油を小端部に送る油孔を有した。潤滑系の上流に位置する主軸受への、そしてそこからタイミングギヤ、カム軸、タペット、吸排気弁周りへの潤滑油供給は鋼管鋳込み、ないし錐穴加工によるオイルラインによっており、リターン側の一部を除き、管の使用は回避されている。クランク軸は釣合い錘なしの型鍛造品であるが、全面削り出しによっても成形可能な形状が与えられている。第一次36基の製造分担は川崎車輌32基、新潟鐵工所2基、池貝鉄工所2基であった[20]。

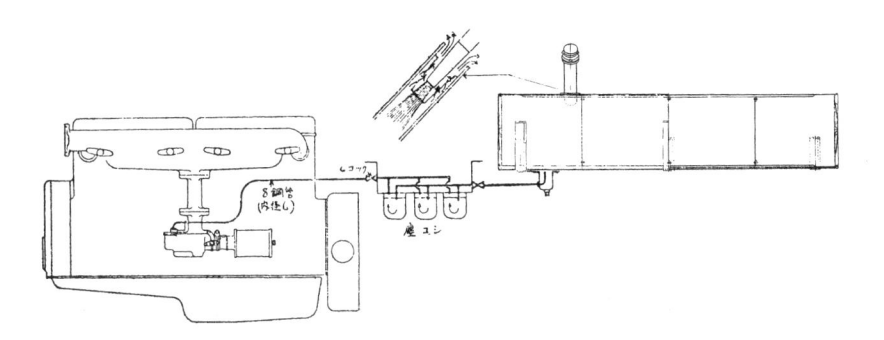

図2-15　キハ36900（41000）型の燃料供給系

吸気マニフォールドと気化器を繋ぐパイプはヒート・インシュレータであるとともに落差を稼ぐための延長パイプをもなしたと思われる。
鉄道省工作局車輌課『ガソリン動車 形式キハ36900 説明書』60頁、第85図及び前掲『ガソリン動車名称辞典』67頁、第56図より。前者においてはタンクが模式的に描写されているため、実際のプロフィールを表現する目的で後者と合成した。タンクの位置はガソリン出口で、寸法はその高さを基準として合せた。なお、『ガソリン動車名称辞典』の66頁、第55図は前者とほぼ同じであるが、設変に伴い、油料計はフロート式（ダイヤル表示）からゲージクラス式に置き換えられている。

　GMF13のバルブタイミングは定格回転数がこれより低いキハニ5000型のエンジンと比較した場合、吸気弁啓開は同じで閉止は10°遅い。つまり吸気行程は長い。排気弁啓開は5°早いが排気弁閉止も5°早い。結局、オーバラップこそ5°と少ないが、やや高回転型である。これに対して商工省標準形式自動車のスミダX型エンジンなどはオーバラップ、ゼロである。但し、吸気弁啓開が7°ATDCと遅いものの、吸気弁閉止も45°ABDCまで遅らせて吸気時間を稼いでいる。排気弁啓開は50°BBDCと早く、閉止は7°ATDCと遅いから、オーバラップがゼロである割に、吸排気行程は長く、ある程度、高回転型の特性を具備している。これだけの数値からは何れが勝るとも判定出来ないが、GMFの方が抵抗の少ない吸気系に合わせた余裕のある設計になっており、スミダX型は最高2,800rpm.（70馬力）まで回るとは言え、軍用車エンジンらしく低速トルク重視（標準43/1,500）のマッチングを施されていたと見るならば、これに対応する弁開閉時期の相違、と了解出来なくもなかろう[21]。

　ただ、面白いことに、省営大型自動車（C46型規格準拠のスミダR型バス）

向けに開発され、先に触れた陸軍92式5㌧牽引車（甲）にも搭載されたスミダD6型ガソリン・エンジン（6 -110×135、60/1,200、100/2,200）の弁開閉時期はGMF13と全く同一であった。この辺りにもスミダA6（1929年：4.08ℓ）からスミダX（1932年：4.39ℓ）、スミダD6（同：7.70ℓ）へと上方展開を遂げて来た石川島自動車製作所・自動車工業㈱（いすゞ）における大型自動車用ガソリン・エンジン技術と鉄道省標準動車用ガソリン・エンジンGMF13の設計との類縁性が顕現していると言えよう[22]。

GMF13の気化器は日本気化器で国産化された"トキハ"ストロンバーグUT5型（$\phi$=39.7mm、構造概要については後掲の図4-1参照）。プライマーは無く、加速ポンプ付き。燃料供給法は前々作のそれに懲りたためか、エンジン後部床下に懸垂された300ℓ（運用上は最大270ℓ）タンクからのシンプルな重力式に改められたが（図2-15）、カム軸には自動車、発電用（据付）等、動車以外での使用を考慮に入れ、必要に応じて燃料ポンプを駆動出来るようにネジ歯車が加工されていた。この点は周到な配慮ともディーゼル化への戦略的見通しの甘さの現われとも解釈可能である。

点火系は従前の2形式とは打って変わって閉回路式、即ちコンタクト・ブレーカー・ポイントが開いた瞬間だけ回路が切断されるタイプ、ごく普通のバッテリー点火。ディストリビュータは東亜電気（後の日立戸塚）及び芝浦製作所（東芝）の製品。完全な同一仕様ではなく、前者はマシン油、後者はグリースによる潤滑であった。進角機構は機械式（遠心）式。点火時期は0～400rpm.で15°BTDC、600～2,000rpm.間ではでリニアに45°BTDCまで都合30°進角する。点火コイルも一次回路に入れられた抵抗器も、スィッチも東亜、芝浦製の併用であった。なお、この抵抗により一次側コイルへの印加電圧は12Vに下げられるので、ディストリビュータや点火コイル等、点火系の電装品は国産大型自動車用のそれが直ちに使用可能だったはずである。点火プラグはボッシュの製品が使用された。

前照燈、信号燈および始動・点火系に電力を供給する充電発電機は分巻型直流24V 500W/900rpm.最大発生電圧は30～31V。メーカーは同じく東亜と芝浦。

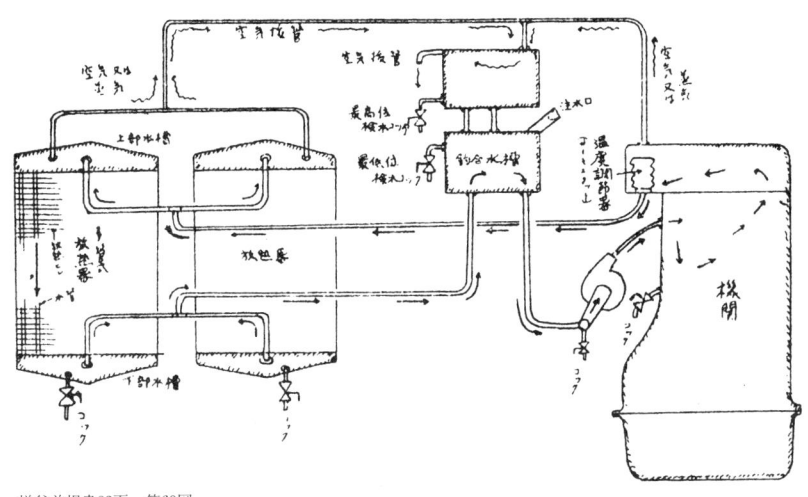

図2-16　キハ36900（41000）型のエンジン冷却系

樽谷前掲書83頁、第60図。

　この定格は陸軍の中戦車、軽戦車及び95式13㌧牽引車（乙＝ディーゼル）等に用いられた日立（東亜）TR-SR型発電機と同一である。

　始動電動機はボッシュ型のアマチュア・シフト式。前述のキハニ36450型や1932年4月竣工の鉄道省DB10型豆ディーゼル機関車（エンジン：池貝、神鋼、連続48/1,000）に先行採用されたモノと同一の定格24V 6馬力。メーカーは同様に上記2社。実はこの定格値もまた、陸軍の94式自動貨車（乙）、軽装甲車、軽戦車、95式13㌧牽引車乙といったディーゼル車輌に用いられた始動電動機のそれと等しかった。これらの電装品は陸軍によって統制品に指定され、アマチュア・シフト式は陸軍では「電磁式」などと呼ばれた。因みに95式13㌧牽引車乙に用いられたのは日立（東亜）製のTSA-KLD型「電磁式」始動電動機である[23]。

　なお、蓄電池は6時間率で200Ahという相当大容量のセットが使用された。形式は湯浅電池のVE8及び日本電池のGS ABCH 7。これらについては「重量軽く而も容量が大である必要上鉄道省の基本形を使用せず特殊のもの自動車

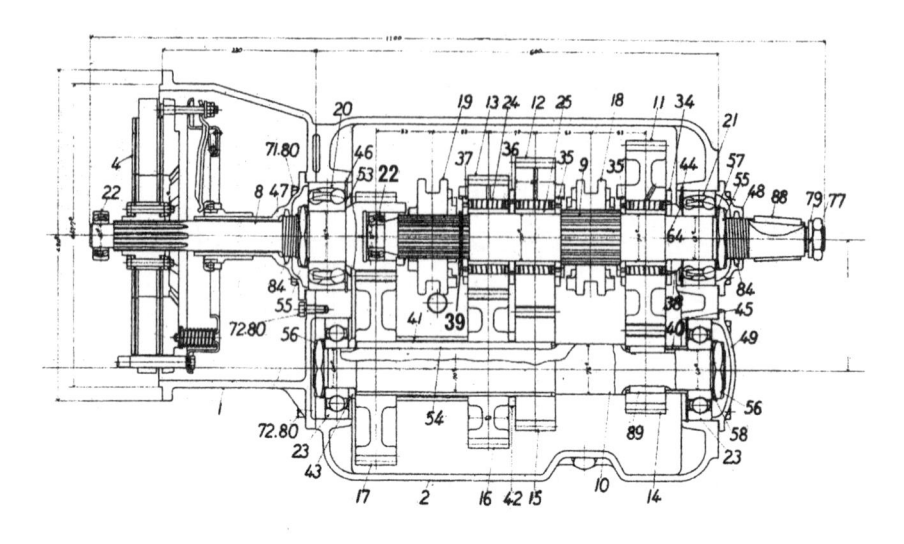

図2-17 キハ36900（41000）型のクラッチ、変速機

鉄道省工作局車輌課『ガソリン動車　形式キハ36900　説明書』第49図より。

用を採用した」とある[24]。

　ラジエーターは蜂の巣式より漏水の危険が軽減されるとして大型自動車に普及していた水管式（ないし多管式［エレメント10個］）が採用された。ラジエーターは床下、エンジンの前方左右に各1基配置され、自然通風によって熱交換が行われた。このため、冷却系統は図のようにシンプルとはなったが、暖房用熱源が失われたため、排気との熱交換により加熱された外気を車内に送風するシステムが開発された。このシステムは効きが悪く不評であった上、排気の室内流入という危険と隣り合わせであった。

　クラッチはDB10型譲りの乾燥複板式で私鉄内燃動車のユニットとしても馴染みのあったロングの上級品を模した作品であった。最大伝達トルクは75kg-mで、GMF13の最大トルクは68kg-m/800rpm.であったから、ひとまず余裕はあった。もちろん、容量増大に合せて操作は圧縮空気式になったが、油圧は介していないから、機械的リンケージの冗長さは相変わらずであった。しかし、

これとて変速機のリンケージと比べれば、高が知れたモノと言えた（第3章第3節、図3-4参照）。

　キハニ5000型の多板クラッチと比べて、この複板クラッチの受動側の慣性モーメントが小さかったか否かは即断出来ない。簡単化のため単板クラッチと複板クラッチとを最もシンプルに比べてみると、クラッチバネの張力が同一の場合、複板式は摩擦面積が2倍となるため、クラッチ板1枚の面積を2分の1に、即ちその直径を約71%に出来る。このため回転半径の自乗に比例する慣性モーメントも半減する。スピニングによる変速操作への障害も応分、軽減される。しかし、これが3枚と2枚の比較となると、具体的寸法、重量如何でどちらにでも振れる。

　ただ、DB10型の複板クラッチにはクラッチ・ブレーキが付設されていたのに、本形式においてはこれが撤去されたという事実はハッキリしている。前者での使用実績から不要との判断が下ったものと思われる。たった8両だけ造られたこのDB10は次に述べる変速機も4段であったから、ディーゼル・エンジンの試験採用的意義と、若干、役不足とは言え、ガソリン動車用動力伝達系の実験台的意味合いを兼ね備えたモデルであったのかも知れない。

　クラッチ・ブレーキが廃止されたのは変速機が操作性最悪の選択摺動式から歯車の離合を全く伴わず、変速操作が幾分容易になる常時噛合式に進化していたからこそである。この変速機、その素性は知れぬが、ハイヤット・ベアリングなどというベタベタのアメリカ製部品を用いていることからして、幾分進化したアメリカ製変速機の模倣品であることは間違いない。もっとも、進化したと言ったところで、当今、自動車に使われていようものなら、シフトダウンに際して"ダブルクラッチ"を駆使しつつこれを使いこなせる人など、ごく僅かのベテランに限られる程度のシロモノではある[25]。

　本形式はボギー台車を履いた車輌であるから、当然、プロペラシャフトには自在継手と伸縮継手とが欠かせない。自在継手は十字軸を用いるフック式であるが、ヨーク側はフランジと袋状の頭部を有するボルトによる組み立て構造を有している[26]。

伸縮継手は一般的なスプライン継手であるが、前掲図2-1に示されるような露出型ではなく、グリース・ニップルとオイルシール（フエルト）を備えたダストカバーが被せられている。

　逆転機はボギー台車に架装されるため、圧縮空気で操作される。しかし、空圧系の故障や牽引回送時の中立位置固定のため、逆転機箱の上面、空圧シリンダの前に手動の切り替えレバーが装備されている。これについて前掲の公式解説書は単なる事実解説のみを述べているが、樽谷一郎は、「空気操作の装置だけで満足しないで、更にこの手動装置を設ける様になったのは、藝備鉄道の如き数年来ガソリン動車を使用している先輩諸氏の経験からである」と述べた上でその謂れを説いている。公式文書にどう取り繕うと、当時の鉄道省が客車内燃化に際して地方鉄道に学んだ経緯は動かし難い事実である。しかし、時の鉄道省の技術者がかくも率直な叙述姿勢を示していたことは救いである以上に、意外とせざるをえない(27)。

　なお、自動車用終減速歯車の主流は伝達効率の低いウォームから効率の高い直歯傘歯車へ、更に噛合い騒音の低い曲り歯傘歯車（スパイラル・ベベルギヤ）へと進化し、アメリカではすでに戦前期、車室床面引下げ（乗用車）、あるいはプロペラシャフト位置引上げ（商用車）に有利な食い違い傘歯車（ハイポイド・ギヤ）が普及していた。この過程をリードしたのはアメリカのグリーソン社であった。日本の自動車界にハイポイドギヤが導入されたのは戦後の事蹟である。

　これに対して動車の減速歯車には一貫して直歯傘歯車が用いられた。最低地上高にも床面高さにも関係なく、重厚なケースに収容されて騒音かまびすしい鉄輪に挟まれているから噛合い騒音の問題とも無縁だからであろう。

　地方鉄道向けガソリン動車の技術と商工省標準形式自動車、省営自動車での経験を総合し、絶え間ない試行錯誤と改良の過程において自動車技術への依存度を高めつつ開発されたキハ36900型ガソリン動車は第1次の36両に次いで、1933年度に前述のブレーキ装置をはじめ、多くの改良を施され、上述の称号規定に基づき、キハ41000と改称された47両が増備される。先陣を務めた36900にも若干の改良が施され、番号は41000に統一された。これとともに車長を11.5m

に短縮し、軸距1,600mmのTR28台車を履き、終減速比を3.489：1から4.057：1に高め、ラジエーター容量を増強し、勾配線区用、もしくは15㌧貨車1両牽引用として開発されたキハ40000型も30両投入された。

キハ36900は動力伝達系軸周りや電装系、キハニ5000型譲りのハンドレバーと足踏みペダルによりスロットルを制御する出力制御系リンケージなどの初期故障に悩まされ、設計変更を施されたのだが、この内、動力伝達系の改良2件は設計思想というレベルから見ても極めて重要である。即ち①：車体前後中心線から右に50mmオフセットされたクランク軸中心線と前者に合致した逆転機主軸中心線との不一致を相殺するため、逆転機主軸中心線にも車体前後中心線より右に50mmのオフセットが付与された。②：逆転機主軸中心線は上方に50mm引き上げられ、動軸中心線高さと合致せしめられた。①はプロペラシャフトの水平面内での、②はその垂直面内での傾斜を、換言すればプロペラシャフトと変速機主軸および逆転機主軸との軸交差角を3次元的に最小化し、自在継手にかかる負荷を軽減しようとした設計変更にほかならない[28]。

なお、40000の使用実績は芳しくなかった。しかし共通のパワーユニットたるGMF13の信頼性はまずまずであり、基本的な部分における問題は現場の努力によって逐次、対策・解消へと向かった。但し、その過程は次のキハ42000型出現以降の時代まで継続された。その具体的状況については次章でやや詳しく取り上げられよう[29]。

キハ41000はその後も小刻みに増備され続け、1936年度の製造打ち切りまでに日車（本社、東京支社）、川車、新潟、汽車、田中車輛工場（後の近畿車輛）と鉄道省4工場（大宮、大井、鷹取、小倉）で総計138両の41000が製造され、一部ではディーゼル化（キハ41500）や後述されるような神鋼・ユングストロームのリショルム・スミス型液体変速機のテストも実施されていた。また、すでに戦前期、ウォーケシャ6RB、6SRL搭載の41000、40000同系車が12両、私鉄向けに"自社発注車"として製造されている。

### (2) キハ42000型機械式ガソリン動車

キハ42000型（戦後、ディーゼル化されてキハ07となる）はキハ40000型とは逆に、41000型の車長を19mに延長し、総定員120名に増強された車輌である（図2-11下およびカバー図参照）。スタイル的には41000の前面丸みを更に極端にしたのが特徴である。開発当初から都市近郊の通勤需要に応えるという電車まがいの運用を念頭に置いたため、都市部から配備が始まり、その第一陣4両は1935年、西成線（大阪～桜島）と中央本線（名古屋～多治見）に各2両投入された[30]。

因みに鉄道省運輸局運転課は『ガソリン化計画書』なる内部資料を作成しており、たまたま目にした第80、87号には川越線（大宮～東飯能間）及び三角線（熊本～三角間）に42000が、81、84、89号には女川線（石巻～女川間）、山陰本線（米子～松江間）及び室蘭本線（東室蘭～豊浦間）に41000が、88号には陸羽東線（陸前古川～鳴子間）に40000が配備される運転計画が記されている。発行年月はすべて1937年6月であり、42000の出現によりガソリン動車全体の配置替えが進められた様子が窺われる。この全国的規模における陳腐化車輌の遣い回し・掃き寄せ政策は鉄道省・国鉄の固陋なる技術標準化思想の経営的対応物にほかならない。

それから70近くの星霜を数えた今日、九州新幹線車輌の山陽新幹線乗り入れを巡ってJR九州とJR西日本との間の技術的不整合の問題が取り沙汰されている。この全く性質を異にする一件にも象徴されているように、運用面における共役性は鉄道車輌にとって確かに重要な資質である[31]。

しかし、かかる共役性を部品の互換性というレベルから担保しようとする思想が十全に機能するのは例外的に時を得た場合のみである。その刹那的時期を過ぎれば、それは技術の社会適合的変化をいたずらに妨げ、運用者と使用者を進歩なき伝統技術の——軍事技術の世界で喩えれば38式歩兵銃のごとき——世界に閉じ込める呪縛として作用するばかりとなる。

さて、このキハ42000型は自重が41000より3.5㌧余り大きい25.56㌧に増し、

車長は3,500mm 延長されてキッカリ 19,000mm となった。台車は軸距が 2,000mm に延長され、10㌧短軸を用いる TR29型となった。松平精らによってなされた台車蛇行動解析はもちろん戦後の業績であるが、戦前期、優等客車には3軸ボギー台車が用いられ、一般客車の多くには軸距2,450mm の台車が用いられていた。これらの事実を勘案するに、この200mm の軸距延長は車長ないし台車中心間距離と台車軸距とのバランスに関する当たり前の、しかし経験的な知恵が設計サイドで働いていたことを感じさせてくれる[32]。

本台車においては図2-18のように下揺れ枕が復活し、枕バネに重ね板バネを背中合わせに組み合わせた典型的な「マクラバネ」2つが用いられている。この点、TR20型により近い。軸受は整備の幾分楽なSKF-日本精工の複列円錐コロ軸受が採用された。

図2-18　キハ42000の動台車

戦後ディーゼル化された車輌の整備中の写真。枕バネ、下揺れ枕、プロペラシャフトを車体中心線と平行に渡すため、台車前後中心軸から右に50mm オフセットされた逆転機、その手動レバー、ディスク・ホイールが見える。1980年、同和鉱業片上鉄道にて。

下回りにおける最大の相違点はエンジンにあり、GMF13と共通の部品を用いた直列8気筒、17ℓのGMH17型ガソリン・エンジンが搭載された（表2-6及び前掲図2-14）。

1934年秋に完成したGMH17はGMF13の純然たる派生機種であり、共通部品も多いが、見る者に相当間延びした印象を与える。これはGMF の場合、一体構造ながら3気筒をユニット化したような設計になっていて、シリンダピッチが160-160-200-160-160mm となっているのに対して、GMH では同じ一体構造を採りつつ、2気筒毎に区切るかのように160-200-160-200-160-200-160mm

表2-6　GMH17型ガソリン・エンジンの要目

| 気筒数 | ボア×ストローク | 圧縮比 | 排気量 | 標準連続出力 | 同回転数 | 最大出力 | 同回転数 | 総重量 |
|---|---|---|---|---|---|---|---|---|
| 8 | 130×160 | 4.8 | 16.99 | 150 | 1,500 | 200 | 2,000 | 1,000 |

同上書336頁、第4表。単位は表2-1に同じ。

のシリンダピッチが与えられているからである（シリンダヘッドは4気筒ずつに2分割）。軸受幅は応分増大した。クランクジャーナル径（90mm）やクランクピン径（75mm）は同じであるから、軸受面積も増大した。他方、短時間許容最大出力曲線に対応する最大トルクはGMFより34％ほど大きい約92.5kg・m（/900rpm.）であった。

　GMHはブロック側から見れば冗長な設計のGMFに輪を掛けたような冗長設計になっていた。その反面、軸径ならびにクランクピン径を増さすことなく、クランク軸をここまで間延びさせてしまったのはかえって問題であった。本エンジンの最大の製造者は川崎車輌であった。川車は1933年、パッカード（米）をモデルに直列8気筒エンジン（KP52 SV、8L-81×123、5.12ℓ、90/3,000）を搭載した「六甲」号乗用車を試作、後には陸軍や鉄道省への売込みを図っている。川車の技術者たちが比較的コンパクトなこのKP52と比べ、いかにも間延びしたGMHにどんな印象を抱いたのであろうか。興味深いネタではある[33]。

　このGMHの間延びしたシリンダピッチは戦後のDMH17（実は戦前の新潟LH8X）にも踏襲されている。戦後の一時期、DMH17の主軸受に焼付き、クランク軸に折損やクラックが頻発した遠因はDMH17がGMH譲りの直列8気筒などという人好きのせぬレイアウトの上に、この実に間延びした設計を墨守した事実に遡及される。

　36900同様、キハ42000は重連の高速試運転を行い、表2-7に示されるように最高速度108km/hをマークするなど、デビューは華やかであった。しかし戦時体制への傾斜が進む中、その製造は伸び悩み、川車、日車、新潟および鉄道省大宮工場で、総計62両を数えるに止まり、41000の半分以下の小所帯に終わった。台湾総督府鉄道局向けに13両が送り出された以外、戦前期の使用は鉄道省に限定された。

第2章　モーターにはモーターを　57

表 2-7　キハ42000型ガソリン動車高速運転試験成績

| 駅区間名 | 最高速度 km/h | 機関 rpm. | トルク kg・m | 出力 BHP |
|---|---|---|---|---|
| 東京～横浜 | 89.0 | 1,700 | 75.8 | 約180 |
| 横浜～小田原 | 100.0 | 1,790 | 74.0 | 約185 |
| 小田原～熱海 | 83.0 | 1,300 | 83.7 | 約152 |
| 熱海～沼津 | 95.0 | 1,740 | 74.9 | 約182 |
| 沼津～静岡 | 108.0 | 1,960 | 70.1 | 約192 |
| 静岡～沼津 | 102.0 | 1,955 | 70.0 | 約191 |
| 沼津～熱海 | 88.0 | 1,680 | 75.9 | 約178 |
| 熱海～小田原 | 87.0 | 1,660 | 76.3 | 約177 |
| 小田原～横浜 | 103.0 | 1,945 | 69.9 | 約190 |
| 横浜～東京 | 96.0 | 1,840 | 72.4 | 約186 |

| 駅区間名 | 潤滑油最高温度°C | 冷却水最高温度°C | 実走行時分 | 特急燕所定時分 |
|---|---|---|---|---|
| 東京～横浜 | 80.0 | 77.0 | 24分00秒 | 26分00秒 |
| 横浜～小田原 | 94.5 | 80.5 | 41分42秒 | 48分00秒 |
| 小田原～熱海 | 93.5 | 79.0 | 22分16秒 | 20分30秒 |
| 熱海～沼津 | 78.8 | 70.8 | 17分50秒 | 21分30秒 |
| 沼津～静岡 | 91.5 | 79.5 | 39分55秒 | 45分00秒 |
| 静岡～沼津 | 98.5 | 81.5 | 37分45秒 | 45分00秒 |
| 沼津～熱海 | 100.5 | 82.0 | 17分38秒 | 21分30秒 |
| 熱海～小田原 | 82.5 | 72.0 | 18分21秒 | 21分30秒 |
| 小田原～横浜 | 98.0 | 81.5 | 40分09秒 | 47分00秒 |
| 横浜～東京 | 99.0 | 82.5 | 20分53秒 | 24分30秒 |

1935年7月16日。東京～静岡（180.2km）。重連運転（42000+42003）。エンジン回転数は測定区間の平均値と思われる。また、本表出力数値と原表に添付のトキワV34気化器（ベンチュリー径33.34mm）を取り付けて行われた台上試験に基づく性能曲線との照合から、表示の出力がこの平均回転数に対応すること、そして本試験が高速運転試験とは言いながら、全開（全負荷）での試験は含まれず、スロットル開度4分3までの試験であったことが判明する。なお、GMHはこれより先、1934年10月3日、ベンチュリー径44.45mmのトキワV34型を用いた全負荷台上試験にも供されていた。この台上試験の結果については永井前掲書356頁、第48図参照。
菊池前掲『自動車工学』191頁より。

　このキハ42000及びGMH17他主要ユニットの技術的ポイント、使用実績、不具合発生状況、その対策等々については次章で詳しく述べる大阪、西成線における運用状況報告からおおよその傾向を窺い知ることが出来る。

注
（1）　日本の内燃車両編さん委員会『日本の内燃車両』鉄道図書刊行会、1969年、松

本典久『軽便鉄道』カラーブックス、1982年、前掲『日本のディーゼル自動車』Ⅲ章、湯口徹『内燃動車発達史 上巻：戦前私鉄編』ネコ・パブリッシング、2004年、参照。地方鉄道における内燃動車数増加については朝倉前掲『鉄道車輌（下巻）』260〜262頁に記述されているが、いかにも技術者らしく朝倉の関心は有象無象のガソリン動車、ないし動車用ガソリン・エンジンではなく、1930年代半ば、長岡鉄道はじめ14ばかりの地方鉄道で試用されていた一握りのディーゼル動車や動車用輸入・国産ディーゼル・エンジン、および後者の将来性に向けられている。ただ、『日本のディーゼル自動車』において詳しく論じたように、陸軍とは異なり、鉄道省には進んでこの状況を打破し、国産ディーゼル・エンジンを開発する意志は欠けていた。また、鉄道省はメーカーを競争させ適正な技術を育て上げる企図にも成功しなかった。

（2） 会田俊夫『新版 歯車の技術史』開発社、訂正3版、1974年、115頁参照。

（3） 国際自動車協会出版部『最新 小型自動車講義録(4)"ダットサン"自動車講義』出版年不詳、87頁参照。

（4） 松平義雄『フォード自動車の操縦と修繕』城北堂書店、1925年、388頁、第九十四図。385頁、第九十三図、389頁、第九十五図を参照。

（5） 兵庫工場90周年事業、社史編纂委員会『車両とともに明日を拓く――兵庫工場90年史――』川崎重工業㈱車輌事業本部、1997年、297頁（車輌の写真）、川崎重工業㈱車両事業本部『蒸気機関車から超高速車両まで――写真で見る兵庫工場90年の鉄道車両製造史――』交友社、1996年、305頁、No. 833（台車の写真）、参照。動輪上重量の不足を補うためチェーンを用いて2軸駆動を行なわせる手口は当時、他のメーカーでも試みられているが、弛緩や切断等が多発、総じて耐久力不足で成績は芳しくなかったようである。この点については樽谷前掲書、1933年版、17頁を参照。

なお、2軸駆動にチェーンを用いるアイデアは軍用トラックで先行しており、わが国では石川島自動車製作所が1929年、ウーズレーASW型を開発している。しかし、チェーン地上高の不足に起因する故障等が多発し、1台のみの試作に終わった。同年、その改良型として開発されたBSW型はチェーンを無限軌道に置き換えた一種のハーフトラックで、こちらはある程度成功して約20台製造され、軍用6輪車への途を開いた。いすゞ自動車㈱『いすゞ自動車史』1957年、33〜34頁参照。

（6） 秋山正八「内燃機動客車に就て」（『機械学会誌』第34巻第170号、1931年6月）参照。クラッチ、変速機分離型の機器配置例については前掲『国産機械図集』図7-102参照。

（7）　佐竹・田中前掲「内燃動車」3-66～3-71頁、朝倉前掲『鉄道車輌（下巻）』262～263、264～266頁、日本国有鉄道編『鉄道技術発達史 Ⅵ』（第4篇 車輌と機械 (2)）、1958年、クレス出版複刻1990年、1026～1028頁、中川浩一「国鉄機械式ガソリン動車変遷史」（『鉄道ピクトリアル』No. 177、1965年11月）、前掲『日本の内燃車両』気動車編、写真 No. 32、33、34、参照。製造分担は汽車4両、日車6両、新潟鐵工所2両。総計12両のキハニ5000は大垣のほか、仙台、糸崎、岩国、徳島に配置されたがその後の転属状況などは不詳。最終的には代用客車化された。現在、ダミー・エンジンを載せて復元された車輌がJR北海道の苗穂工場に保存されている。なお、鉄道省の車輌の場合、C50、D50、ED50、EF50、DD50、DF50、キハ50等、キリの良い50で始まる車輌呼称は珍しくない。

（8）　キハニ5000の真空槽については樽谷前掲書、64、65頁、気化器については同書、55頁第42図、陸軍92式5㌧牽引車（甲）の真空槽については陸軍野戦砲兵学校編『砲兵自動車必携』改定増補第16版、軍人館図書部、1942年、197、198頁第三図其ノ一、参照。海軍内火艇主機の気化器については学友会『内火艇用石油機械取扱参考書』1942年改訂、24頁、第十一図（C）参照。

（9）　樽谷前掲『改訂 ガソリン動車』143、166～168頁及び次節キハ36900型の項参照。

　　なお、海軍は1931年、ガソリン始動・灯油運転の舶用石油発動機を池貝と㈱石川島自動車製作所（いすゞ）に競争試作させ、後者のスミダB4型（4-120×150mm、6.79ℓ、60PS/1,500rpm.）が勝ち残った。このエンジンはいすゞで「数十台」製造されたが、後にこの製造は池貝に譲渡されている。海軍の11m内火艇に搭載された標準型石油発動機がこれに当ると思われる。

　　こうした経緯から、池貝の高速エンジンの設計がキハニ5000用エンジンの野暮ったい構造から進化を遂げるに当って自動車技術の導入がスプリング・ボードの役割を果たした状況を窺い知ることが出来よう。前掲『いすゞ自動車史』40頁、日本造船学会『昭和造船史（第1巻）』原書房、1977年、604頁、第25表、参照。

（10）　学友会前掲書15、17頁参照。

（11）　近江鉄道との競争云々については白土貞夫「近江鉄道（上）」（鉄道ピクトリアル編集部『私鉄車両めぐり特輯・第Ⅲ輯』鉄道図書刊行会、1982年、所収）参照。キハニ36450のその後の運用・転属状況については不詳。新鶴見操車場で職員通勤車として使用後、エンジンを撤去の上、機関室を荷物室に改造して電車附随車に改造し、伊東線で使用する目論見もなされたが結局未遂に終わり、最後は1949年に廃車となって、東京鉄道局大井工場で事務所として使用されたという記述がある（『日本の内燃車両』気動車編、写真 No. 95解説）。

本型式の妙な番号の根拠となったルールも鉄道院・鉄道省旅客車輛称号のベースをなす1910（明治43）年9月制定の「車輛塗色および標記制定」［カタカナ部分］ならびに1911年1月制定の「旅客車称号規程」［数字部分］である。ところが、鉄道国有化によって鉄道省の車籍に編入された雑多な旧私鉄客車の統一標記に4桁の番号では不足を生じ、1912年の特急用客車登場に際しては早くも10000代が出現（オイネ10025）、その後も番号は膨張を続けた。

　鋼製客車には当初40000代が付番されたが、1928年に整理が行われ、国有化による買収車等雑形客車：〜9999、1910年以降製作の中型木製客車：10000代、1920年以降製作の大型木製客車：20000代、1927年以降製作の鋼製客車：30000代に改番された。なお、中形・大形とは車長ではなく幅・高さの車輛限界による区別である。前掲『陸蒸気からひかりまで』、『鉄道百年略史』、大久保邦彦「明治、大正、昭和戦前期の食堂車」（『鉄道ピクトリアル』No. 511、1989年5月）参照。

　キハニ36450の登場より先、工藤式蒸気動車ジハニ6055は1928年の称号規定改正によりキハニ6450となっていた。荷物室を有する国鉄の蒸気動車はほかに1型式存在したが、1917年に払い下げで型式消滅しているため、この時点、このタイプではキハニ6450が鉄道省唯一の形式であった。

　よってキハニ36450の頭の3は最大公約数的に「鋼製ボギー車」の記号と解釈される「3」に工藤式蒸気動車の6450を結合して出来た称号と解されるであろう。

(12)　本形式については資料に乏しい。差し当たり機械学会『国産機械図集』図5-2（「200馬力ガソリン機関（135kw発電機直結）」本書カバー参照）、佐竹・田中前掲「内燃動車」3-71〜3-75頁、朝倉前掲『鉄道車輛（下巻）』263、266〜269頁、前掲『鉄道技術発達史 Ⅵ』1029〜1030頁、参照。また、前掲『日本の内燃車両』には外観、客室内、機関室及び廃車体の写真が収録されている（気動車編 No. 35、36、37、95）。

(13)　当時の鉄道省内燃動車の価格について判明している分を一括紹介しておこう。

　　　　キハニ5000　　　18,400円
　　　　キハニ36450　　 63,230円
　　　　キハ41000　　　 27,100円
　　　　キハ40000　　　 25,900円
　　　　キハ42000　　　 33,000円
　　　　キハ41500　　　 31,390円（試作ディーゼル動車）
　　　　キハ200　　　　 12,600円

　キハニ36450はほとんど試作品と言ってよい車輛であり、そのコストについて後の「量産」車輛と同列に論じては当を失するが、ご覧のとおり、電気式ゆえと

見られるその高コスト振りは際立っている。

　最下段のキハ200は第1次買収車である。定員78名、エンジン出力80馬力という記述に符合するのは富山鉄道（富南鉄道）ジハ2→新宮鉄道キハ204→省キハ40303→同キサハ40050（機関撤去）→仙石線代用付随車（車番不明）→小名浜臨港鉄道キサハ8→同キハ103（名儀貸しのみで実車は放置。キハ103自体は1953年、日車支店製の41000系新製ディーゼル動車）→名実ともに廃車（時期不明）、及び富山鉄道（富南鉄道）ジハ3→新宮鉄道キハ205→省キハ40304→御坊臨港鉄道キハ103（1942年）→同キハ108（戦後、車番を誤記したのがそのままに！）→廃車（時期不明）の2両である。

　鉄道省による新宮鉄道の買収は1934年7月1日実施ゆえ、典拠文献の編集時期からして正規の5桁番号割り当てが間に合わず、全くの同一仕様のため、「型式キハ200」などと括った仮型式で記載されたのであろう。

　キハ204、205の2両は1931年、日車製。全長12.224m、台車中心間距離6.6m、台車軸距1500mm、座席35名、立席43名の定員78名、空車重量14㌧、ウォーケシャ6SRL搭載で、上述の私鉄向け半鋼製小型量産ボギー車そのものだが、連結器は何とネジ式であった。

　なお、同時期の買収車輌である新宮鉄道キハ201→省キハ201（1930年、松井車輌製作所製、木製鋼板張、定員60名、全長10.517m、空車重量11.8㌧、軸距4.115m、コンチネンタルB5搭載の2軸車）と同キハ202～203→省40301～40302（1931、32年、松井車輌製作所製、半鋼製、定員80名、全長12.11および12.45m、空車重量14.5㌧台車中心間距離6.41m台車軸距1800mm、ウォーケシャ6SRL搭載のボギー車）に関しては、キハ201が13,200円、キハ202が13,494円2銭、キハ203が12,523円80銭と、この間の不況と競争の激しさ、日車の競争力のほどを窺わせる価格データが残されている。

　大阪鉄道局編『鉄道用語辞典』博文館、1935年、「ガソリンカーの価格」の項、及び『ガソリン動車名称辞典』300頁、前掲『日本の内燃車両』気動車の項、写真No. 96、145、藤井信夫「御坊臨港鉄道」（鉄道ピクトリアル編集部『私鉄車両めぐり特輯・第Ⅰ輯』鉄道図書刊行会、1977年、所収）、高井薫平「小名浜臨港鉄道」（『同・第Ⅱ輯』1977年、所収）、湯口前掲『内燃動車発達史　上巻　戦前私鉄編』177、211～213頁、参照。なお、『名称辞典』には各車の型式名が「キハ201」、「202」、「203」、「204, 205」などと記載されている。

(14)　北畠顕正「36900形設計の思い出」（『鉄道ピクトリアル』No. 177、1965年11月"特集　機械式気動車"）より。

　キハ36900という呼称も半端な印象を与える。キハニ36450の場合、上述の通り

3等荷物合造車であるが故に、ではなく「工藤式蒸気動車キハニ6450の後継」という意識があったところに空き番号が合致した結果、割り振られた番号と考えられる。

　これに対して36900の場合は単に「36つながり」で空きを探し適当に押し込めた結果と思われる。因みに、客車で36***を探すと、マユ36050、マユ36120、マユ36150、スユニ36200、マユニ36250、スニ36500、マニ36750、マニ36820……と、客車とはいえ、旅客扱いはしない郵便車、荷物車（及びそれら合造車）ばかりであったから、ガソリン動車に36900なる番号が与えられるべき必然性に欠けること夥しい。

　他方、大勢として35***が割り当てられていたのは3等客車荷物車合造車「ハニ」であったから、ここも収まりは悪い（オハニ35500、スハニ35650、スハニ35700など）。

　逆に上の37000、38000、39000台は3軸ボギー車に割り当てられていた。因みに百位についての一貫した決まりは存在しない。スハフ34400とマロネ37400は1年違いで登場しており、スハ32600（スハ32）という大所帯に成長する普通の3等車も存在した。

　36***はその車種ゆえに各型式の両数が少ないことが予想される車輌に、したがって気動車にも割り当てやすいと考えられて振られた番号であった。しかし客車番号の空きに割り振るこの居候的処遇は所詮、場当り策に過ぎず、キハ36900が予想に反して（？）ヒット作となるに及び、果たせるかな行き詰まりを来たした。かくて1933年、気動車は客車の称号規定から逸脱、いかにも付け焼き刃的ではあるが、新たに4万台の番号が与えられることになる。

　しかしこの割り振りは別れたハズの客車番号の頭を押さえ付け、結果的に上記称号規程そのものの寿命を縮めてしまう。1941年10月、ついに抜き差しならぬ状況に陥った本家「旅客車称号規程」自体が改正され、客車は電車同様、2桁番号に改められる。後年、ディーゼル動車に500番代（425××など）、代燃化のため天然ガス動車化したものに200番代（422××など）を振り当て、更に煩雑の度を増した気動車の5桁番号は1957年4月、客車に遅れること16年目の称号改正によりキハ04といったように2桁化された。第1章注9の参考文献、鉄道科学社編集部『図説ディーゼル動車』改訂増補版、1957年、「附録」、岡田誠一『キハ58と仲間たち』ネコ・パブリッシング、1995年、170頁参照。

(15)　公式資料としては（鉄道省）運輸局運転課『キハ36900形ガソリン動車の構造と其取扱方に就て』1933年2月、鉄道省工作局車輌課『ガソリン動車　形式キハ36900　説明書』1933年8月、がある。後者の改訂増補版が鉄道省工作局車輌課編

纂『最新式ガソリン動車詳解』鉄道時報局、1934年、である。こちらには定価がつけられており、私鉄関係者あたりからも（？）需要があったことを窺わせる。エンジンはじめ各ユニットの構造図解としては機関車工学会前掲『ガソリン動車名称辞典』が最も詳しい。これ以外に佐竹・田中前掲「内燃動車」3-75〜3-86頁（最後の2頁はキハ40000）、朝倉前掲『鉄道車輌（下巻）』263、269〜287頁（最後の4頁はキハ40000）、前掲『鉄道技術発達史 Ⅵ』、1030〜1047頁、参照。また前掲北畠の回想の他、『鉄道ピクトリアル』"特集 機械式気動車"に収録されている波賀強「キハ41000を憶う」、工藤前掲「ガソリン動車から機械式ディーゼル動車まで」、中川浩一「国鉄型機械式ガソリン動車変遷史」は参考になる。石井幸孝「日本の内燃車両発達史 Ⅱ 国鉄内燃動車編」（日本の内燃車両編さん委員会『日本の内燃車両』鉄道図書刊行会、1969年所収）にも若干の記述がある。岡田誠一『キハ41000とその一族（上下）』ネコ・パブリッシング（RM LIBRARY No.1、2）、1999年、にも比較的まとまった記述と多数の写真が収録されている。

(16) 7㌧短軸とは当初、（静止荷重）負担能力7㌧の短い車軸（全長1,784mm）の規格。当時の国有鉄道車輛の車軸には標準軌間への改軌が可能なように狭軌用第1輪座の外側に準軌用第2輪座を設けた長軸と狭軌専用の短軸とがあり、後者の方が短く、軸径も細く出来るため軽量であった。しかし貨車に自動連結器（1925年）や空気ブレーキ（概ね1927年）の取付け、フレーム補強工事等が施されるに及んで短軸はその負担超過を懸念された。全数を丈夫な軸に取り替えれば良いが、それは実施困難であったため、その負担能力についての再検討が実施された結果、7㌧短軸には0.5㌧、その他の軸には1.0㌧の超過負担能力があるものと認定された。浜野信一郎『輸送力・速度・安全度』鉄道図書刊行会、1956年、107〜108頁、東鉄運転部客貨車課編著『近代客貨車の構造と理論』交友社、改定第3版、1968年、35頁参照。

7㌧短軸のジャーナル径は設計寸法96mm（後年のものは100mm）、使用限度80mmであったが、本形式においてはそれ自体、アメリカの規格に準じた円錐コロ軸受を使用するためか、軸径は85mm（約$3\frac{11}{32}$in）に旋削されている（因みに軸受外径の206mmは約$8\frac{1}{8}$に相当）。水戸鉄道管理局運転部客貨車課『客貨車データ・ブック』交友社、1965年、471頁及び前掲書19頁参照。なお、インチとmmの対照に関しては生産技術協会『実用工学便覧』山海堂、1951年、が便利である。

クランクセンターのオフセット等については前掲『ガソリン動車 形式キハ36900 説明書』、『最新式ガソリン動車詳解』58頁次の第83図、『ガソリン動車名

称辞典』3頁、第2図参照。奇妙なことに同書2頁第1図は41000の、第2図は36900のレイアウトを示している。両形式の違いについては本文後述。

(17) GPおよびGP-Sブレーキ装置については鉄道科学社編集部『図説ディーゼル動車』鉄道科学社、1954年、149〜159頁参照。

(18) GMFの圧縮比についての言及は前掲公式文書のほか、菊池『自動車工学』鉄道省運転局運転第一課『機関車及気動車乗務員教養資料』1942年、に見られる。燃料オクタン価については第4章で別の角度から再度取上げる。圧縮比にまつわる問題点については本書末尾の「技術史的総括」で論じられる。

(19) 前掲鉄道省工作局車輛課『ガソリン動車 形式キハ36900 説明書』参照。

(20) 上記公式資料のほか、永井前掲書336頁第4表、350、358頁、『日本のディーゼル自動車』Ⅳ章(1)、Ⅴ章(2)‐①、『鉄道車輛工業と自動車工業』第2章第4節、第3章第2節、第3節参照。

(21) ガソリン・エンジン技術史については目下、体系化の途上にあるが、スミダX系エンジンが日本の大型自動車用ガソリン・エンジンのなかで低速トルク型の個性を発揮していた点については差し当たり坂上「戦前戦時のトヨタ貨物自動車用ガソリンエンジンについて（1、2）」（『LEMA』468、470号、2002年7月、2003年1月）参照。

(22) 陸軍軍用車輛のバルブタイミングについては陸軍野戦砲兵学校編『砲兵自動車必携』改訂増補第16版、軍人館図書部、1942年、239、240頁、第六図参照。

(23) 軍用車輛の電装品については陸軍機甲整備学校・自動車記事編纂部『機甲車輛電装品ノート』1943年、130、132、152、170、172頁参照。

(24) 陸軍の規格は10ないし20時間放電における容量を規定していたため、陸軍規格との対応関係は線図を用いた比較によって検証するしかない。しかし、そもそも工作局車輛課の前掲『説明書』にはユアサの蓄電池の電槽外形寸法として111（長）×157（幅）×349（高）など（GSもほぼ同じ）といった数値が掲げられている。これはセル1個の寸法であろうが、陸軍車輛にこんな背の高い蓄電池は搭載されていなかった。したがって当該蓄電池はバス用のモノかと思われる。

(25) 軸受に注目しつつ自動車用変速機技術発達史との相関の中で観た当該変速機の技術史的意義についてはハイヤット・ベアリング（撓みコロ軸受）に絡む視点から前著である程度記述したばかりなので、この点ついては再論しない（『鉄道車輛工業と自動車工業』第6章第2節参照）。しかし、その構造と使用実態については全く別の観点から本書第3章第2節で取り上げられる。

なお、蛇足かとは思うが、減速時にシフトダウンしてエンジンブレーキを効果的に使う運転法は大型自動車やガソリン動車には用いられない。シフトダウンは

専ら上り勾配におけるエンジン発生トルクの腰砕けを避けるために行われた。鉄道省運転局運転第一課前掲『教養資料』はこの操作について、力行から一旦、惰行に移った後の操作を、

　　(1) クラッチヲ切リ加減弁ヲ閉ヂル
　　(2) 変速機ヲ中立ニ戻ス
　　(3) クラッチヲ合セル
　　(4) 機関ノ回転ヲ上ゲル
　　(5) クラッチヲ切ル
　　(6) 目的ノ変速位置ニギヤヲ入レル
　　(7) クラッチヲ合セテ乍ラ加減弁ヲ開ク

と述べ、「惰行ノ時間ヲ短クシテ車ノ速度低下ヲ防止」すべし、と説いている（371〜372頁）。

(26) これについても『鉄道車輌工業と自動車工業』第6章第3節を参照して頂きたい。ただ、十字軸とこれを受ける「四ツ手受」の間に嵌入されたブッシュは「低炭素ニッケルクローム鋼製で炭素焼入をなしたブシュ」であったが、鉄道省で省営自動車の整備等に当った築山が「自在継手十字軸のブシュに鉄製のものがあるが焼付き易い。砲金ブシュに改造すべきである」（築山前掲「保守、修繕の立場より観たる国産自動車の全貌」）と述べている点を想起しておきたい。

(27) 樽谷前掲書1933年版、121頁、1939年版、123頁。芸備鉄道は1915（大正4）年に部分開業し、1923年に全通した。ガソリン動車導入は1929（昭和4）年から。ここでの導入実績は日車におけるガソリン動車開発に一定の指針を与えたが、1937年に国有化され、芸備線（広島〜備後庄原間）となった。和久田康雄『改訂新版 資料・日本の私鉄』鉄道図書刊行会、1976年、25、65頁、参照。菁文社出版部編『芸備線米寿の軌跡』（2004年）という写真集が出版されている。

(28) 前掲『最新式ガソリン動車詳解』増補の部、1頁及び2頁次の第1図参照。設変後、定積載時のクランク軸高さは逆転機主軸高さとほぼ一致。日車製私鉄向け大型動車の図（注6）は空車状態らしく50mmの落差が示されている（第5章注7及び対応本文参照）。

(29) GMF13の戦後払い下げ先での故障発生データを含め、技術的なポイントについては『日本のディーゼル自動車』Ⅳ章を参照のこと。

(30) われわれの不勉強で42000に関する資料は多く発見出来ていない。36900がらみで言及した資料の内、新しいものには42000についての言及が見られる。機関車工学会前掲『ガソリン動車名称辞典』の冒頭部（頁付けなし）、佐竹・田中前掲「内燃動車」3-87〜3-89頁、朝倉前掲『鉄道車輌（下巻）』263、287〜289頁、

前掲『鉄道技術発達史 Ⅵ』1047、1053頁、参照。このほか、岡田誠一『キハ07ものがたり（上下）』ネコ・パブリッシング（RM LIBRARY No. 35、36）、2002年、の（上）には鉄道省のVA図面が収録されており、大変参考になった。

(31) 『朝日新聞』2005年3月9日参照。

(32) 松平らの業績について簡単には『鉄道車輌工業と自動車工業』第9章第3節参照。

(33) 永井前掲書350～358頁、川崎重工業㈱『車両とともに明日を拓く──兵庫工場90年史』1997年、「正史」31～32、353頁参照。「六甲」がバス、トラック中心に展開した点については『日本のディーゼル自動車』、『鉄道車輌工業と自動車工業』の中で論じておいた。なお、KP52については特に機械学会『機械工学年鑑 昭和9年版』1934年、84頁、同『改訂 国産機械図集』1937年、127頁、『日本のディーゼル自動車』183頁参照。

## 第3章 "酷使"・不具合・対策
―― 戦時・過密仕業下の鉄道省大型ガソリン動車

### 1．非電化通勤幹線としての西成線におけるキハ42000の運用

　キハ42000の第一陣は上述のとおり大阪の西成線（大阪～桜島）と名古屋の中央本線（名古屋～多治見）に初投入された。4両を2両ずつ振り分けた格好で、各所属機関区は宮原及び名古屋であった。

　宮原機関区は高架化、客貨分離および駅と客車操車場との分離を3本柱とする大阪駅改良計画の一環として計画された客車操車場新設計画に付帯する「機関庫」として宮原客車操車場とセットで1933年に発足した。主な受け持ち線区は東海道本線で、急行および普通列車を担当した。1939年には24両、1942年には32両ものSLを擁する旅客用機関車の「機関区」（1936年9月1日「現業機関名称変更」に基づき改称）となり、戦後の絶頂期には多数のC59、C62を抱え、東の浜松と並ぶ特急機関区として栄華を極めた。後年、機関車がEF58に代わってもその威厳は保たれたが、東海道新幹線の開業によりその使命を終えた。しかし宮原客車操車場は宮原総合運転所となり、現在も東の品川とともに日本を代表する客車基地としての枢要な役割を演じている[1]。

　西成線は大阪市北区から此花区にかけての重工業地帯に延びる、たった8.1kmの盲腸線であった。現在、大阪市には西成区が存在するにもかかわらず、「西成線」は西成区方面には全然向かっていない。それは聞き慣れぬ上、現時点からすればちょっと違和感を伴う路線名称と言ってよかろう。ここで簡単にその由来について触れておこう。江戸の南北に対して東西に奉行所を配した大坂の伝統ゆえか、1925（大正14）年の第2次市域拡大まで、大阪市の東淀

図3-1 西成線とその周辺の鉄道線路略図

×は2005年4月25日の事故発生地点。
神崎は1949年に尼崎と改称。

川区、西淀川区、福島区、此花区から現在の西成区までの一帯は大阪府「西成郡」と呼ばれ、東成区、住吉区の辺りは「東成郡」と称した。それゆえ「西成線」は西成郡に因む名称で、その指すところは「西大阪線」とほぼ同じ意味であった。

　次に、西成線とその周辺の鉄道路線略図、ならびに西成線の線路断面図を掲げておこう。

　西成線の前身は1898（明治31）年4月5日開業の西成鉄道で、1904（明治37）年に国が借り上げ、1906（同39）年に国有化された。大阪駅が高架化されたのは遥かに下って1934（昭和9）年6月1日である。同日、西成線も福島駅まで単線のまま大阪駅付近のみ高架になった。線路は大阪駅を出るとすぐに

第3章 "酷使"・不具合・対策　69

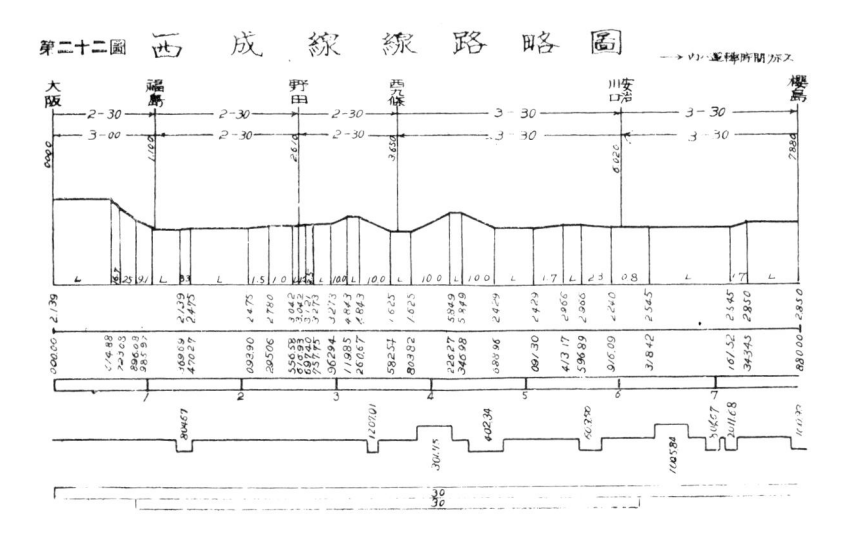

図3-2　西成線の線路断面図

数字は上から下り区間運転時間、上り区間運転時間、大阪起点の距離、線路勾配（‰）。その下、横倒し2列の細かい数値の内、2.139で始まる列は線路の施工基面の海抜高度らしく、大阪〜福島間の高架区間は高架橋の高さではなく、施工基面である実地盤面の高度が記入されていると想われる。000.00で始まる列は大阪駅起点の距離（m）。km数はその下の物指状の目盛による。ジグザグ線は曲線とその半径。最下段は単線・複線区間を表示し、30は軌条規格（kg/m）を表す数字らしい。だとすれば西成線には当時、鉄道省で使用されていた30、37、50kg/mの軌条の中でも最下級のそれが使用されていたことになる。
磯田寅二『ガソリン動車の故障手当』、附録「ガソリン動車の燃料をいかに節約するか」43頁、第二十二図。

25‰の急勾配となり、福島に至る。福島から先、線路は地上線となって築堤上を行く阪神電鉄本線をアンダークロスし（1964年3月22日からは位置関係が逆転し国鉄が上になった）、そのまま進んで野田駅に至る。ここからは中央卸売市場への貨物側線が分岐していた（1984［昭和59］年廃止）。これを過ぎ、更に古くは西成線を挟む格好で南北別々に伸びていた市電の高架をもアンダークロスして線路は西九条駅に至る。西九条を出ると線路は大きくS字カーブを描きつつ六軒家川を渡り、安治川右岸に沿って安治川口駅、更に桜島駅へと向かう[2]。

大阪駅高架化と同時に客貨分離が実施され、貨物は梅田駅（1928［昭和3

年12月開業)に完全移行せしめられた。この貨物輸送のため、福島〜梅田間には西成線と並行して西成貨物線が開通した。ガソリン動車が活躍したのはそんな時代の西成線である。

いささか古いが、情報管制の点ではまだ緩やかであったろう1929(昭和4)年の1万分の1地図によって確認すると、この西成線の沿線には大阪鉄工所(日立造船桜島工場)、住友伸銅工場、住友製鋼所、住友電線製造所、大阪舎蜜(せいみ)工場、汽車会社、大阪製鎖会社、日本石油、日本染料等の重化学工業企業が集積し、一大軍需工業地帯が形成されていた(3)。

このため、西成線は総延長僅か8.1kmの盲腸線ながら、通勤客輸送密度の高い重幹線であった。ここでは1934年3月25日、キハ40000型ガソリン動車10両が初就役して以来、1937年9月までは41000と42000との混用が行われていたが、10月以降は42000に一本化された。宮原の42000は1938年9月末日に12両、そして最盛期と思しき同年11月以降には16両もの大所帯となり、内9両が出庫、予備車として1両がスタンバイさせられ、残る6両が検修を受けるという態勢の下で日夜、通勤客輸送仕業に充当された(4)。

しかし、軍需工業の繁忙とともにこの路線においてはいかに42000をもってしても1両2両ではピークロードを捌き得なくなった。このためラッシュ時には10分間隔で3重連運転が実施されていた。キハニ5000、キハ36900の開発に絡んで繰り返し述べたように、36450を除く鉄道省ガソリン動車は単車運転を建前とした軽量設計を施され、総括制御のための設備を一切有していなかった。この点においてはキハ42000とて例外ではない。西成線におけるガソリン動車運用法が他線区と決定的に区別されたのは、こんなひ弱で不器用な車輌であるキハ42000を恒常的に重連・3重連に繋げ、しかも各車輌とも300人前後の乗客をすし詰めにし、駅には乗り損ねた乗客が待っている、といった通勤地獄を演出しつつ走らせていた点においてである。

この機会に42000の"定員"について言及しておこう。出現当時のそれは座席68名+立席52名=120名と公称されていた。ところが戦後ディーゼル化され、キハ07になった時点におけるそれは立席数の算出法が変わったため、これが52

名から28名に減り、座席68名＋立席28名＝98名となった。したがって「定員120名の3倍近い300余名の乗客……」などという場合、戦後の基準に照らせば「3倍以上」に相当したワケである。

　そこでは機関士の技量のみに依存する芸当が演じられ、礒田が「現在の處重連動車の各車輌に乗務する機関士は只呼吸を合せて之に依り辛うじてその歩調を保つて居るに過ぎない」（前掲書、附49頁、傍点引用者）と嘆いたような状況が日常化していた。先頭車の機関士のタイフォーンによる出発合図を皮切りに3重連のキハ42000が3名の機関士の"息"だけで協調運転に入るなどという異常な事態は全国的にもここ、西成線だけの現象であった。

　42000にはドアが片側に4つも5つもあった訳ではないので各駅での乗降のためいたずらに時間を要した。しかし短い運転時間の中でその遅れの回復を図るため車輌を常に鞭打つごとき運行を強いられた現場は、朝（夕方）なら下り（上り）列車に生ずる3ないし3分半程度の遅れを折返しの上り（下り）列車における回復運転によって挽回し、辛うじて大阪駅定時発車を守るという運用方針まで強要されていた。

　次節以降ではこの厳しい仕業を担わされた宮原所属のキハ42000のエンジン以下、各種ユニットに発生した事故、トラブルとその現場的対策等について瞥見を試みよう。礒田の著書から明らかにされる過負荷的運用状況下での故障、事故データとその対策に関することがらはキハ42000型ガソリン動車という車輌の特性を知る上で最良のテキストとなるからである[5]。

## 2．発生した不具合と対策　その1──主要機構部品

　GMH17のシリンダヘッドは4気筒分一体、シリンダブロックはクランク室上半部と一体型であった。そのシリンダヘッドについては吸気マニフォールド・ガスケットのズレによる二次空気の吸い込みやシリンダヘッドガスケット（銅・アスベスト）の吹き抜けが珍しくなかったようである。二次空気吸い込みはエンジン過熱の引き金となる。これに対しては即効性のある応急措置とし

て高速加減弁の増開と低速加減弁の絞りによる混合気過濃化が図られた（次章1参照）。

　また、シリンダヘッドガスケットから外部への吹き抜けは引火の危険を伴うが、内部吹き抜け、即ちシリンダ・ボア間ブリッジ部の吹き抜けは最も警戒されるべきで、吸気行程にあるシリンダと隣接する着火シリンダ（クランクピン配置と着火順序から2・3番、4・5番、6・7番）間にこれが起こり、隣接シリンダに吸入されつつある生ガスに着火、気化器側へバックファイヤ（吹き返し）を生じ、多大な損傷を発生させたケースがあった。その診断は極めて困難であったが、ある程度の目星がつけば、当該シリンダの点火プラグを殺して（通電を止めて）応急対策とした。

　本エンジンはSV式であるため、吸排気弁はシリンダブロック側に位置する。その吸排気弁周りではまず、タペットの割損が生じている。排気側にこれが発生すると排気弁は閉じっ放しになるため、吸気行程では猛烈なバックファイヤが生ずる。このため、当該シリンダの点火プラグを殺して対処するが、生ガスの吹き返し、燃料漏洩は止まらない。他方、吸気側にこれを生じた場合には出力減退を結果するだけで、大事には至らない。もうひとつの持病は弁バネを保持するリテイナを弁ステムに止めておくスプリット・カラーの脱落であった。これが脱落すれば、弁はぶら下がり状態となる。排気側なら直ちに危険な問題とはならないが、吸気側でこれが生じれば、弁の閉塞不良によりバックファイヤの危険があるため、これが発見された場合、当該シリンダの点火プラグを殺して対処した。

　以上、たった2件を見ただけでも現場のお守りの大変さが偲ばれる。鉄道省には優秀な人材と予備車輌を手配出来るだけの資力があった。だからこんなモノでも騙しだまし使っていけた。それにしても、この標準動車用鉄道省制式エンジンが8気筒であったこと、そしてOHVではなかったことこそ幸いとせねばなるまい。

　潤滑系はGMFにおいて1個使用されていたギヤポンプがGMHにおいては2個に増強された。このポンプ駆動歯車軸に折損事故を生じたことがあった。

図3-3　キハ42000型に導入されたエンジン冷却・客室暖房装置の概念

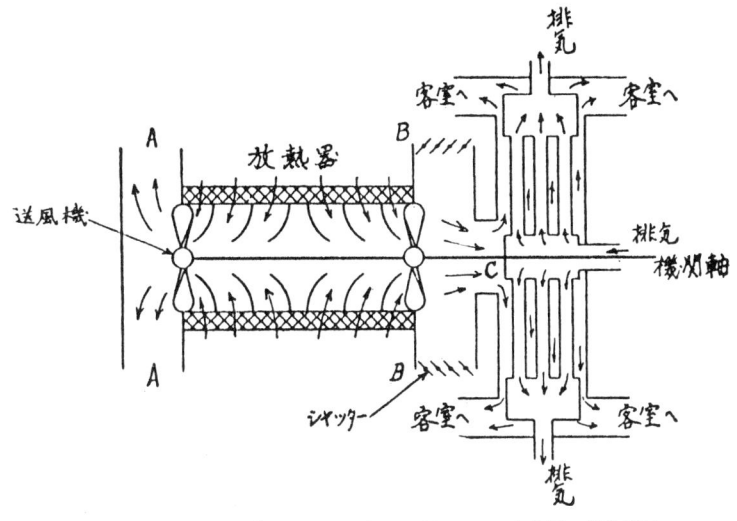

夏季：Cを閉じ、Bを開く。冬季：Cを開き、Bを閉じる。本装置の艤装状況については本書カバー図参照。
佐竹・田中前掲『内燃動車』3-88頁、第四十四図。

　また、初登場から5年ほど経過した時点でオイル・ストレーナが装着されたが、これに用いられたパッキンに皮製とコルク製とがあり、後者は装着時に損傷を生じやすく、これがため潤滑油が全部失われ、運転不能に陥る事故が発生した。ストレーナのフィルタが詰まって逃し弁から潤滑油が溢れ出るような場合には油道をショートカットさせる緊急措置が講じられた。このほか、エンジンより前後運転台の油圧計に至る長い配管は空気の噛み込みによるベーパ・ロック状態や異物混入による閉塞を生じやすかった。

　前形式と大きく異なる点の一つはエンジン冷却系である。41000までは自然通風による水冷であったが、本形式においては鉄道省ガソリン動車として初めてファンによる強制通風が採用され、しかもラジエーターを通過して1次加熱された空気の一部を排気と熱交換させて2次加熱し、車内暖房に供するという大仰なシステムが開発され、暖房の効きそのものは多少改善された[6]。

しかし、ラジエーター・エレメントや水管コックからの漏洩は相変わらず茶飯事であり、冷却ファンの故障によって冷却水の沸騰を生じ、エンジンがブローしてしまう事故を発生させた例も「珍しくない」(59頁)という。冷却水抜け等によってエンジンの過熱が生じても運転台にそれを示す水温計はなかったから、機関士にはその初期症状であるノッキングの発生を聴き取る不断の気遣いが求められていた。こんなモノはしかし、その実効性を根本的に疑問視されるべき無責任な指示である。また、せっかくエンジンの過熱や焼付きに気付いたものの、慌てて冷却水補給に走った結果、シリンダヘッドやシリンダブロックに亀裂を発生させた、などという初歩的な失敗事例についても言及されている。

　キハ42000形のクラッチ、変速機、逆転機本体は41000と同一のユニットが流用されたと文献は語る。自動車の常識からすればエンジンの最大トルク増大に合わせてクラッチバネぐらいは強化されていなければならなかったハズである。しかし、現実にはこのクラッチにGMH17の最大発生トルクが入力されること、即ちこのエンジンが上述の短時間許容出力曲線に対応する真の最大トルク発生点で運転させられることなどあり得なかった。加うるにクラッチ伝達トルクは以下の理由からしても小さくて済んだ。

　第1に、軽荷重の場合、起動ないし低速ダッシュに際して、低いギヤで急激に負荷をかければ動輪の空転が起こるため、クラッチの容量ばかり大きくしておいても仕方ない。第2に、重荷重の引き出しにおいてもクラッチの適度な滑りは発進ショックの緩和に有効である（理想的なレール・車輪摩擦条件下であれば微妙な半クラッチ操作は不要となる）。第3に、最もクラッチが滑って一番困るのは勾配登坂時である。しかし、例えば本動車において10‰連続上り勾配で速度49km/hに到達しようとすれば、3速のまま回転数を1,600rpm.まで引っ張るしか方法がない。回転を上げればエンジンのトルクは低下し、回転数で出力を稼ぐ状態になっている。したがってクラッチ伝達トルクは小さくて良い。因みに10‰、3速、49km/hでの実発生トルクとこのエンジンが当該回転数において発生し得る全負荷トルクとの差、即ち余裕トルクは加速マージンに

相当する。自転車に喩えるなら、まだペダルは軽く、踏み込めば回転が上がって加速出来る状況である。

問題は4速を用いる場合に生ずる。実は42000ではGMHを連続定格出力曲線に準拠して用いる限り、どうあがいても4速で10‰勾配を上れない。短時間許容最大出力曲線に対応するトルクを振り絞り、4速、スロットル全開でエンジン回転数が900rpm.に漸く達するような状況で49km/hに到達した時に初めて、走行抵抗と駆動力が均衡し、GMH17は正真正銘の最大トルクを発生する。しかし繰り返し述べてきたように、こんな運用法が採られることはなかった。かかる理由のため、クラッチバネを強化する必要もなかったワケである。

5kg/cm$^2$の空気圧で作動せしめられるこのクラッチにおいては摩擦板全体（プレート）の歪み、摩擦板中心部、ハブ周りの変形・破損、圧板（プレッシャー・プレート）引きボルト折損及び遊び調整不良による切断不具合が発生しがちであった。逆に、空圧系の不具合、摩擦板の摩耗・油気帯び、クラッチバネのへたりや張力不揃い、遊び調整不良による接続不如意も発生した。また、空圧系へのリンケージが込み入っていたことがトラブルのタネとなり、とりわけ戻しバネの折損は多発した。

リンケージの故障に関しては反対側運転台からの操作や反対側から該当部品を取外し、折損部位と取り替える応急措置がなされた。また、クラッチが全く切れなくなった場合には、変速機を中立にした状態で車輌を手押しして徐動させ、スロットルを煽り、一瞬後に1速にシフトし、動輪を空転させながらスタートさせる方法が採られた。空転させてやらねばグリップが利き過ぎて発進ショックが大きくなるためである。シフトアップにはスロットルを煽って回転を上げた後、惰走に移り、駆動トルクもバックトルクも作用しない状態を見計らって変速レバーの操作を行うこととされた。

変速機は非常にトラブルが多く、「種々唖然とする様な故障を生じた」（礒田84頁）。変速機周りのトラブルはリンケージ関係とギヤボックス内部とに分けられる。前者ではまず、変速レバーの玉座からの脱出——早いハナシがすっぽ抜け——が挙げられる。これは玉座カバーの取り付けがL型の溝にノックピンを引っ掛けるだけの簡単な構造であったために多発した詰らぬ事故であるが、

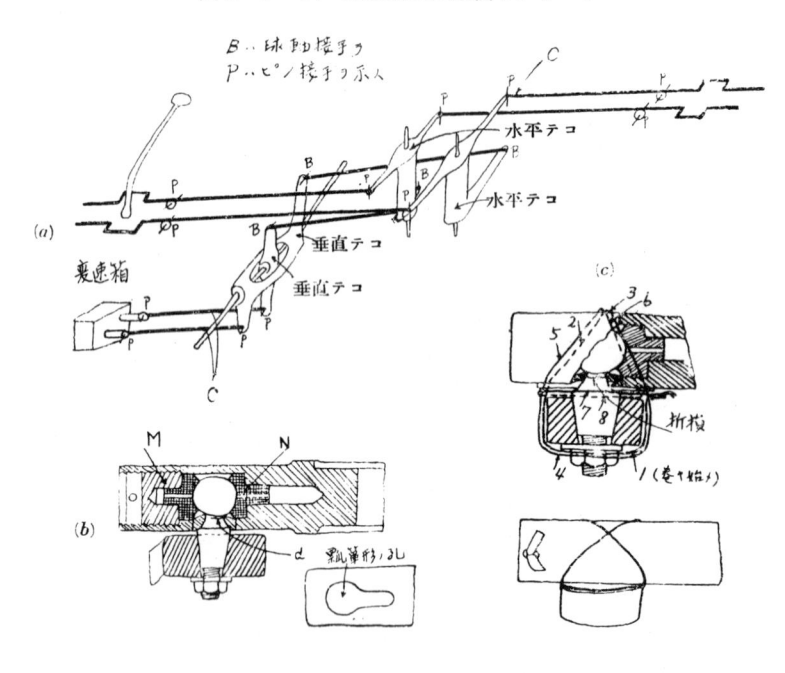

図3-4　キハ42000型の変速機リンケージ

礒田前掲書88頁、第四十六図。

　運転中、変速レバーがすっぽ抜けるのであるから機関士が狼狽すれば大事故にも繋がりかねない。宮原では玉座カバーに周り止めのネジを追加するとともに、機関士に嵌め直しのコツを習得させる対策（！）が実行された。

　変速リンケージはまさしく故障の巣であった。ウィークポイントは作用棒玉継手B（図3-4の(a)、(b)）の首折損（同(b)のd）、作用垂直および水平テコの折損、作用棒Cの折損、作用棒ピン継手のピン落失であった。これらが生じた場合の応急対策は概ね反対側運転台からの操作ないし反対側リンケージからの部品取りであったが、同図(c)のように玉継手の首折損の場合には針金で縛り上げる措置の方が簡単ではあった。首ないし肩の部分での折損の絶えない玉継手については「最近のものは改修会議の結果、該部分のRを増大し可成り補強せられ折損及疵入も目立って少くなった」（87頁）とある。隅肉

部R（丸味）の不足による応力集中に泣いた点では鉄道省ガソリン動車ばかりではなく日本海軍潜水艦用中速ディーゼルの燃料噴射ポンプやフランスのイスパノスイザ航空発動機の吸排気弁も同断であった。

　ギヤボックス内部で発生した事故はこれらより遥かに深刻な事態を招来した。礒田は「特に珍しいものや、想像以外なもの」を除く、と断りつつ、凄まじい事故例を掲げている(7)。

　変速機における「最も弱い部分」はクラッチ軸内部にあって変速機主軸を支持している案内軸受（前掲図2-17の22）であった。この複列自動調心玉軸受は内外輪、保持器の摩耗により破損、鋼球の脱出を生じ、車輛を運転不能に陥れることが「少くない」（91頁）。この軸受が破損すればまず、非力行時にさえギヤ抜けを生ずるようになり、次いで主軸前方のスプラインが丸坊主にされ、主軸はプロペラシャフトを従えてスリコギ運動に入る。やがて鋼球は押え蓋を跳ね飛ばして脱出する。飛び出した鋼球が歯車に噛込めば歯車の破損、主軸の曲がり、シフトフォーク移動棒の屈曲、同ガイド孔の欠損がもたらされる。初期の、非力行時のギヤ抜けを、あるいはスリコギ運動による変速レバーの"引っ張られ"を機関士が感知しなければ、続くプロセスは自動進行する。

　これとともに派手な事故に結びついたのが主軸上にある3速ギヤの前方にセットされ、その位置を規制するスナップリング（前掲図2-17の39）の脱出である。こちらは「多くはないが珍しくはなかった」（93頁）。そもそも、スプライン軸の溝部表面には機械加工後、浸炭焼入れがなされていたから、スナップリング溝も（後からプランジカット研削でも行って成形したモノでない限り）そう磨耗するはずはなかった。しかし、現実には摩耗によりスナップリング溝の角が取れてしまったものがあり、こうなった場合には脱出事故が多発した。これが脱落すると、2速に変速した（即ち、後方の第1変速スリーブを前に押してドッグクラッチを噛み込ませた）時、主軸上の2、3速ギヤが前方に押し出されて前方に位置する第2変速スリーブのドッグクラッチと接触し、異音を発する。のみならず、この状態で運転を続ければ、最悪のケースにおいては2速および3速ギヤの二重噛み合いを生じ、変速機は一瞬の内にロック、主軸、

図3-5 シフトフォークと同オペレーティング・ロッド

*a*. 爪クラッチ移動棒ト腕取付改造ノモノ

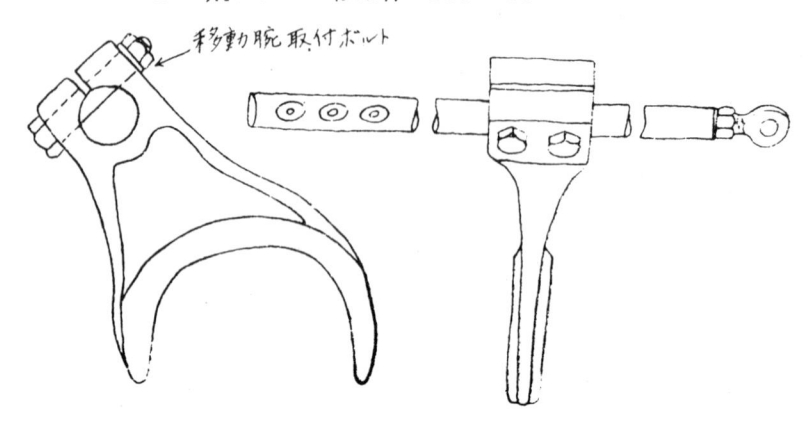

移動腕取付ボルト

*b*. 爪クラッチ移動棒ト腕取付未改造ノモノ

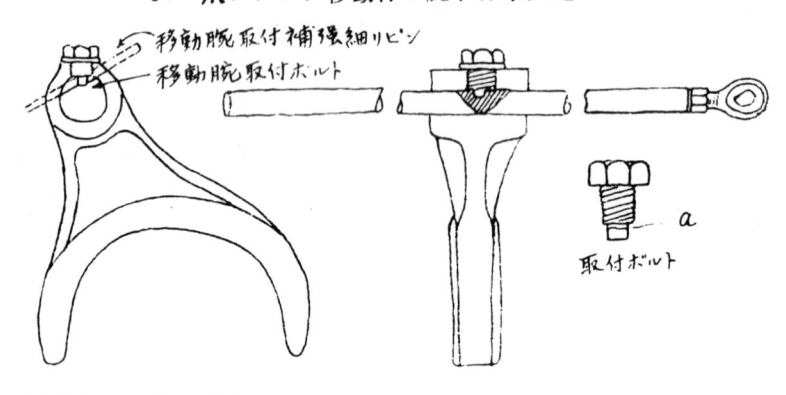

移動腕取付補強細リベン
移動腕取付ボルト

*a*
取付ボルト

上が対策品、下がオリジナル。
礒田前掲書95頁、第四十九図。

副軸はねじ曲げられ、歯車は破壊され、プロペラシャフトは捩り潰され、動輪スポークにはクラックを生ずるに至る。

　このトラブルが大事に至るか否かはひとえに機関士が2速シフト時に発する異音と変速レバーに伝わる振動を察知する能力にかかっていた。機関士は医師であり、彼の握る変速レバーはまさしく「変速機故障発見の聴診器」であった。

礒田は「これを取扱ふ指先に精神を打ち込んで居れば……変速機関係の故障の殆んど全てが感知し得られるから、取扱ひには精神を打込んでなすはもちろん、此の故障状況を予め心得て居れば、故障の早期発見に便であらう」（94頁）と述べている。実際、このスナップリング脱落の兆候を察知したある機関士は絶対に2速を用いぬよう注意深く運転し、首尾良く難を逃れることが出来た。

若い車輌にはスナップリングのサイズ並びにバネ定数の向上を盛り込んだ改良型の変速機が搭載されるようになり、脱出事故は終息せしめられた。しかし、改造型の主軸が既存車輌の検査時に交換部品として漏れなく配当されたわけでもなかったようである。

この変速機にはまだまだ固有の欠陥があった。そのひとつはシフトフォークと同オペレーティング・ロッドとの固定不良による定位置逸脱である。これが発生すれば、上記のスナップリング脱落と同様、二重嚙み合いを生じ、重大事故に至る可能性がある。

オリジナルの設計はただ1本のボルトで締め付け、しかもこのボルトたるや位置決めの便だけを考え、先端をノックピン状に段付き加工したもので、いかにも隅肉部に応力集中による折損を生じやすい設計であった。図3-5のbは現場的応急対策方案であり、ボルト先端部に作用する剪断力をピンに分担させるアイデアである。本格的な対策品は上図のように締め付けと位置決めを兼ねさせつつ2本のボルトを用いる方式となったが、応急対策品について礒田が「今後斯くする事に依って折損件数も激減する事と思はれる云云」（97頁）と述べていることから察するに、欠陥設計を認めて以後もなお、中央の対応は生ぬるかったようである。

スナップリングの脱落とシフトフォークの定位置逸脱は共に重大事故に繋がりかねない故障であったが、その初期症状には二重嚙み合いによる騒音という点で共通性があった。しかし原因が別であれば全く異なった応急対策がなされねばならず、根本的対策への準備も違ってくる。現場ではこれを次のような知恵で識別、対処していた。

まず、停車中、逆転機と変速機とを中立にしてプロペラシャフトの手回しを

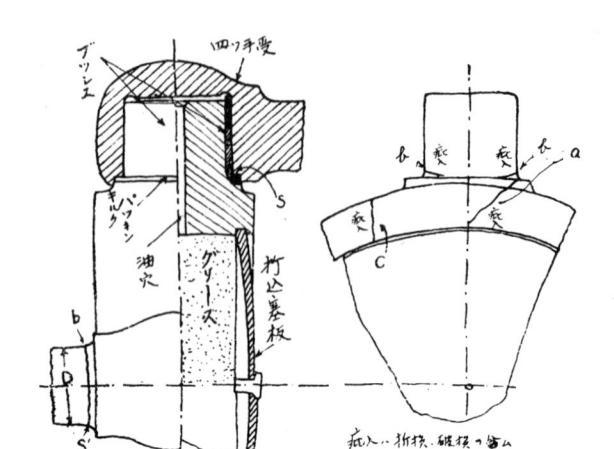

図3-6　キハ42000型、自在継手十字軸ならびに十字軸受の破損状況

礒田前掲書98頁、第五十図。

　試みる。どの変速段位に入れた後でもプロペラシャフトが回らないならば、どこかで異常嚙み合いが生じている。この時、前方の第2スリーブを後方に押して一旦、3速に嚙み合わせ、しかる後に中立に戻す操作を行い、プロペラシャフトを手回しして回転すれば、スナップリング脱落によって二重嚙み合いが生じている。逆に、それでもプロペラシャフトが回らなければ、シフトフォークの逸脱により他の場所で異常嚙み合いが発生している。

　逆転機、変速機を共に中立にしてプロペラシャフトが手回し出来、かつ、変速レバーがどの段位にでもしっかり入るなら、シフトフォークが遊んでいる。この時、2速のみに異常に深く入るならスナップリングが脱落している。

　しかし、この触診も停止中なればこその診断であり、走行中は機関士の「聴診器」活用能力と運転技術だけが頼りであった。また、変速機主軸案内軸受破損時の初期症状がギヤ抜けであることはすでに述べたが、ドッグクラッチの摩耗によってもギヤ抜けは発生した。原因を探る手がかりは力行時、一気に発生するのがドッグクラッチの摩耗に、そうでないのが案内軸受の破損に起因する

ギヤ抜けであった。これを正しく判断するのは機関士の技量の一要素とされており、原因が前者であると知れたなら、彼はその手に返ってくる衝撃を覚悟し、変速リンケージにかかるストレスをも気にかけながら、力行中、変速レバーを強く保持し続けねばならなかった。

　西成線では密度の高い仕業のためプロペラシャフトにおいても軸の捩れ・振れ回り、自在継手十字軸ならびに十字軸受のクラック、折損、自在継手フランジの破損等、種々の事故が発生した。軸の捩れは全体に及んで発生するケースも見られたが、多くはスプラインの切り始めの辺りに集中した。自在継手十字軸中心部のグリース溜の打込塞板(シールキャップ)脱落などは序の口であった。この場合には給脂に注意し、発熱状況を頻繁にチェックし、可能なら仮の当て物を処方しつつ運行が続けられた。

　意外なことに、築山に指摘されたようなブッシュの焼付きは発生していないようである。鉄道省では仕業現場に手間暇かけた給脂と点検を行わせ、検修体制や予備車輌の手配も万全であった。この運用条件の相違が鉄（鋼）製ブッシュの使用と焼付き発生との相関の有無という形で顕現したものと理解される。

　しかし、十字軸のクラックは「珍しくなく」、破断も「相当沢山数えられた」（礒田99頁）。

　図3-6のa及びcが十字軸へのクラックの主な入り方で、最後にはここから折損に至る。十字軸受のクラック、破断は首下、bの辺りが多数を占めた。対策として十字軸では隅肉部SのR増大が実施され、十字軸受側ではその軸径Dならびに隅肉部S'のR増大が実施された。これにより、全体としてのトラブル件数は激減したが、十字軸単独の折損件数はかえって増大したらしい。自在継手が損傷すればプロペラシャフトは振り回され、その直近に位置するガソリンタンクにとってはたちまち危機的な状況が出来する。後付けされたプロペラシャフトの補助受（"振れ止め"）は脆弱で、「折損事故の衝撃に絶対安全といふ事は出来ない」（100頁）。「ガソリンタンクを破損せば、引火爆発により意外の大惨事を惹起する危険が必ず伴ふものと見ねばならない」（同）。

　まさにその通りであった。プロペラシャフトの真横にガソリンタンクを配し

た車輌など、鉄道車輌以外を見渡しても稀有の存在である。だが、それはここに存在した。しかも飛び切りヤワなプロペラシャフトと400ℓの防火措置皆無のタンクとの寄合い所帯が。そして、乗務員に求められていたのはここでもまた"運転中、プロペラシャフト周りの異常を察知した場合、緊急停車し、逆転機を中立に入れた上、4速にシフトし、プロペラシャフトを無負荷で回転させ、変速機や逆転機を突き上げるような衝動の有無を確認し、可能なら運転を継続する"などという際どい判断であった。

　42000の逆転機は減速比が41000の3.489から2.976に引き下げられたものの、基本構造はこれと同一であった。しかるに、礒田は「分解した場合はとも角、乗務員として最もよく遭遇する故障は逆転機操作関係に対するものが大部分である」(102頁、読点の位置変更)と述べている。そのまた「殆どすべて」は自動車用ユニオン継手と鋼管を流用した操作用空圧系のニップル部における漏洩であった。漏洩は締付けの緩み、燃料系の所で言及されたような管突き当て部の折損に加え、ユニオンナットとネジ付きニップル自体の亀裂および破損によって生じた。台車の挙動に追随させるために挿入されたゴム管にも稀に破損が生じた。逆転機空圧シリンダ内のピストンは自転車の空気入れのピストンのような構造と作用を有しており、導入初期には材料として使用された皮の硬化のため、厳冬期、始発列車において甚だしい漏洩を生じたこともあった。藝備鉄道など先行地方私鉄に学んだ逆転機切替え用手動レバーはこんな時、頼るべき唯一の手段を提供してくれたが、余りにも頻繁な使用の結果か、レバーを切替えた位置に保持する「テコ受」の破損および「逆転手動テコ止ボルト」の脱落が頻発し、針金で縛る応急措置が講じられた。この時、空圧シリンダ内の戻しバネ張力がレバー緊定の妨げとなるので、必要ならこれを分解撤去した後、縛るという方法が採られていた。

　また、インジケータランプの不点灯も接触不良、ヒューズ溶解、回路や電球フィラメントの断線等によって多発した。このときは手動レバーにより切替えを確実に行い、切替えが正常に行われているか否かをプロペラシャフトの手回しにより確認し、反対側運転台での点灯確認後、止むを得ざる場合には運行を

続行し、待ち合わせ時間があれば、不具合多発箇所のチェックが実施された。

　操作系に係わる不具合という点では運転士が逆転弁を正しい中立位置に戻さぬまま、操作ハンドルを抜いてしまったことにより、知らぬ間に元空気だめの減圧に至る場合が挙げられた。「若し之れが補ひ切れなければ、最悪の場合元空気溜圧力の降下により、制動効果に重大なる蹉跌を来す」危険があった。これは嵌脱部の摩耗による操作角度誤差に由来する誤動作であった。電車に長い経験を有する鉄道省の車輌にしては有り得べからざる設計上の不備、と言わねばならない。

　車軸および車輪についても過積載に対する強度不足のため事故が絶えなかった。スポークには「よく疲入或は折損が起った」（107頁）。スポーク2本が折損脱落したが無事帰庫した例、8本全部が折損飛散し、脱線に至ったもの、仕業途中、乗務員によってスポークの折損・食違いを発見され仕業を解除、辛うじて事なきを得た例が各一例あったほかは、機関区における検査で発見される場合がほとんどであった。

　動車のスポークは機関車のそれと異なり、クラックの発見から折損までの時間が非常に短いという特徴があった。クラックは必ずボス側より発生し、クラックが発生すると図3-7のdのようにクラックを境としてその上下の汚れ方が相違した。aはクラックの発生を示す赤褐色の錆線、cはクラックが進行し生じた食違い、bはリム側に波及したクラック、ここまでくれば折損・飛散である。eはスポーク折損防止のため、全周電気溶接された中央に孔を明けた10mm厚鋼板製の補強板である。これはスポークの折損防止に著効を発揮した。しかし、程なく宮原の42000の動輪は30mm厚のディスクホイールに改められた。ディスク化は戦後始まった事象ではない。

　車軸関係でクラックや折損事故が集中したのは動軸である。これは駆動負荷が掛かるから当然、と思われるかも知れぬが、それを見込んだ、他の車軸とは全く異なる設計がなされていたから、そこに見込み違いさえ無ければ、そんなにトラブルは起こらない。しかし現実に宮原の42000においては「動軸の疵入はスポークの疵入と共に可成り沢山あった」（108頁）。但し、クラックや折損

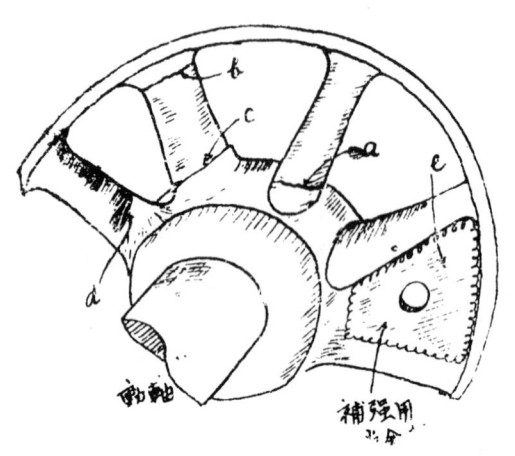

図3-7　車輪スポークの疵発生状況

礒田同上書108頁、第五十五図。

　事故の最大の原因はスポーク折損件数の多さに業を煮やした宮原の技術者たちが上記の補強板を導入し、動軸の回転体としてのバランスを狂わせたことにあった。

　因みに補強板溶接後、動軸の折損分離事故が2件、立て続けに発生している。しかし、折損が発生しても、動軸の場合、軸端は軸箱守に、終減速大歯車の左右は逆転箱に支持されているため、直ちに脱線など大事故には至らなかった。この時、乗務員は逆転操作が渋くなった、動輪がよくスリップしたという印象を受けたという。前者は歯車アライメントの狂い、後者は片側車輪への駆動トルク集中によって説明出来る。このほか、微小硬質振動の継続、クロッシング通過時の衝撃が感知され、踏切等走行中、線路上の踏み板をめくり散らかしたことがある、とも記録されている。この3点は折損によって荷重に起因する軸の撓みに抵抗する要素が失われ、車輪のアライメントが狂ってしまった結果と考えられる。

　対策として、上述のディスクホイール導入と同時に、軸径が148mmに増大された。この措置により動軸のクラック、折損発生は後を絶った[8]。

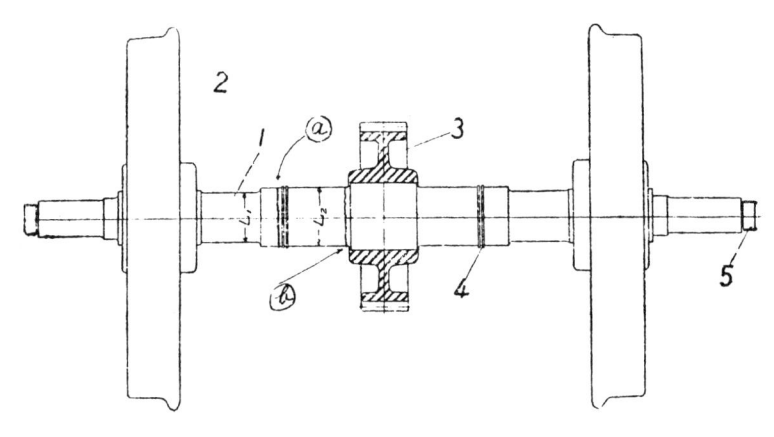

図3-8　動軸の折損部位

aが第1折損事故の、bが第2折損事故の発生部位。但し、本図はキハ36900（第1次）の動軸である。42000のそれは3900第2次（41000）のそれ同様、減速大歯車が進行方向右側に50mmオフセットされていたし、プロフィールも異なる（岡田前掲『キハ07ものがたり（上）』22頁のVA図面参照）。礒田同上書109頁、第五十六図。

## 3．発生した不具合と対策　その2──燃料供給系

　42000のガソリンタンクはエンジン後方、左側床下に置かれていた。右側には蓄電池箱があった。もちろん、この「左右」は動輪を後輪と見立てた場合の進行方向に向かっての左右である。このガソリンタンク配置には制約条件があった。前述のとおり42000には強制通風式ラジエーターが導入され、しかもラジエーターを通過した空気を暖房用空気加熱器に導き、それを暖房用空気の1次加熱器として用いるシステムまで採用されていた。

　こうすれば、第1にラジエーター・空気加熱器系のサイズが大きくなり、かつ直列配置となっているため配置場所が限定される。エンジン後方ではパワートレインの保守に差し支えるし「広いスペースに直列に」とはいかない。第2に、別途、強力な発電機を用いて発電し、電動ファンを駆動させるようにでもせぬ限り、ファン駆動のためにエンジンからの直接動力取り出しが必要である。

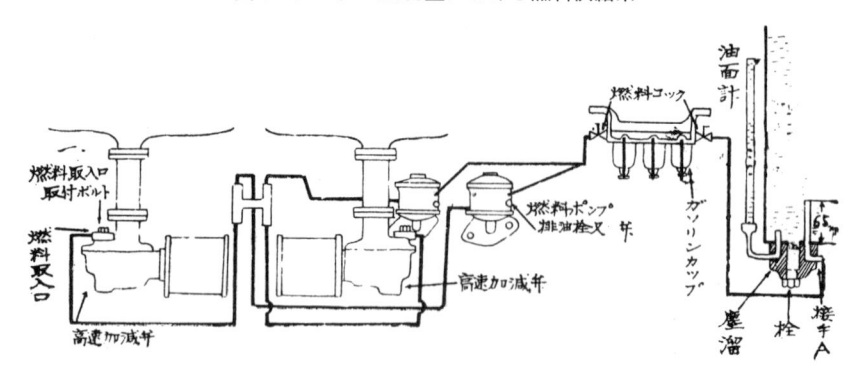

図3-9　キハ42000型における燃料供給系

タンク底部と気化器との間には十分な落差が無い（タンクの底が低い）ためポンプによる燃料供給が不可欠となった。
礒田前掲書47頁、第二十六図。

　変速機からの取り出しは第１項に抵触するから、この２点を満たす冷却系の配置はエンジン前方しかない。よってガソリンタンクや蓄電池箱はエンジン後方に詰め込まれるしかなくなる（今一度、カバー図の参照を乞う）。
　前掲『ガソリン動車名称辞典』には36900（41000）と比べ、42000ではプロペラシャフトが延長・増径された、とある。しかし、『改訂 国産機械図集』の図からはその痕跡を読み取り難く、実際に延長がなされたか否か疑わしい。なされていたとしても、その程度はごく僅か、と結論せざるを得ない。したがってエンジン後方のスペースは両車種ほぼ同一であり、冷却系の配置面からの制約は36900よりも車長の大きい42000にかえって強く作用する結果となっていたと見る。
　車格の向上に伴ってガソリンタンク容量は400ℓに増大された。しかし、床下搭載におけるこのようなスペース的制約のため、36900の270ℓタンクのような前後に長い形状のまま深さを５割増ししては変速機や作動部が36900のそれより50mmせり上げられた逆転機の整備・操作性に支障を来たしたと思われる。このため42000のガソリンタンクは全長が極端に詰められるとともに全高が応分に増し、自ずとその底面高さが低下したものとなった。これにより気化器フ

ロート室との落差が不十分となったため、燃料供給系は前型式の重力式からポンプ式に改められざるを得なかった（前掲図2-15と図3-9を対照せよ）。

　ここで視点を変えてエンジンの吸排気系レイアウトの面から考えてみる。ガソリンタンクやガソリンの配管は高温部とりわけ排気マニフォールドと離すのが合理的である。この点からすればガソリンタンクはエンジン後方、進行方向右側に置くのがベストである。吸排気系を左右に振り分けたクロスフロー式エンジンであれば単純明快にそうしていたであろう。しかし、GMFにしろGMHにしろ弁配置は吸排気系を同一サイドに有するタイプのSVであった。排気マニフォールドの下には吸気マニフォールドが位置し、その下には気化器がぶら下がっていた。

　42000とは異なり、重力式の燃料供給方式を採っていた36900（41000）のガソリンタンクは恐らくこの気化器への燃料配管の単純・短小化を優先した結果、排気マニフォールドにも近いエンジン後方、床下左側に懸垂されることになった。増量されたガソリンタンクを有する42000はポンプ式燃料供給装置を備えていたから、この面だけから見ればタンク設置場所の自由度は高かったにもかかわらず、上述した制約条件のもと、前型式を踏襲し、高さの増したガソリンタンクは同じような位置に吊り下げられた。

　燃料配管にも逆転機操作空圧系同様、自動車用のユニオン継手と鋼管とが流用された。しかし、ここにも配管の長さのためか、振動によるニップル部の亀裂発生、漏洩が頻発した。また、ストレーナ・カップの割損やパッキング不良に夜漏洩などもまま、発生した。

　図中のH型管は対策部品として採用されたものであった。当初は前後の燃料ポンプから前後の気化器に直通配管がなされていたが、かくすると一方のポンプにトラブルが発生すればエンジンは4気筒運転に陥る。これを回避するのがH型継手の役割である。

　エンジン回転不調の原因探求過程でガソリンへの水混入等の疑義が生じた際にはまずストレーナ・カップを取外し、滞留物を検査する。次に始動電動機でエンジンのクランキングを行い、吸気マニフォールド内に負圧を発生させて気

化器加速ポンプに燃料を吸い込ませ、直ちに始動電動機を停止、加速ポンプから吐出後、エンジンに吸入されずオーバーフローした燃料を回収し不純物混入状況を検査せねばならない。

この場合、42000のポンプ式燃料供給システムは水抜きの手間という点で燃料タンク、ストレーナ、気化器のドレンをこの順に行えば良い41000の重力式システムと比べ大いに劣った。即ちその手順は、①：ストレーナ・カップを取り外し、内容物を排出、②：タンク底の継手Aを外し、タンクのドレンを実施、③：燃料ポンプ2個のドレンを実施、④：気化器燃料取入れ口を取外し管内の燃料を自然排出、⑤：気化器のドレンを実施、⑥：気化器燃料入り口に清浄な燃料を注入し、気化器燃料取入れ口の継手以外の継手を結合した上、エンジンを始動、燃料ポンプ出口から気化器入り口に至る配管の中の残留物を強制排出、⑦：気化器燃料取入れ口継手結合、となり、非常に面倒であった。

キハ41000のGMF13に用いられていたそれと同系の気化器についてはお定まりのフロート室関係のトラブル（フロートの漏れ、針弁の締切り不良による油面調整の不如意）、気密不良による2次空気吸い込み、各部の閉塞、加速ポンプの作動不具合によるスロットル急開時の息つき等が発生した。加速ポンプの故障の中では上下に分かれた負圧受動部と吐出部とを連結するU字ピン（図4-1参照）の折損頻度が高かった。これに対しては高速加減弁の$1 \sim 1\frac{1}{2}$回転増開による混合気過濃化とスロットル開き操作の緩徐化によって対処した。

操作元とのリンケージ不具合（スロットル、チョークとも）はGMFと共通の、前後気化器相互間のリンケージ不具合（同）による同調不良はGMH固有のトラブルであった。後者の内、スロットル開度不一致が生じた場合は期間回転数に周期的変動を生じ、振動が発生した。

## 4．発生した不具合と対策　その3──電気系

点火系はGMFと同じバッテリー点火であったが、ディストリビュータはGMデルコ・レミー製及びボッシュ製が併用されていた。点火時期制御は従来

の機械式進角機構からこれと真空式進角装置（ニューマチック・アドヴァンサ）との複合方式へと進化している。この新技術の採用のため、輸入品が用いられたのであろう。国産品が全く採用されていなかったのか否かは不明であるが、宮原には16両もの42000が配備されており、そこの技術者がこのように解説しているのであるから、輸入品が大量に用いられていた事実は動かし難い。キハ41000時代から純国産を標榜しながら陰でボッシュの点火プラグやハイヤットの撓みコロ軸受がつまみ食いされていた。その傾向がより顕現したわけである。点火時期の狂いによる不調はそれほど高い頻度では起こらなかったようである。この不調の診断には3ないし4速へのシフト時、一瞬、エンジンの音響に耳を澄ませて聴き取る方法が有効である場合があった。

　点火系で「日常屢々遭遇」したトラブルは点火プラグの燻りおよび絶縁体の破損であった。前者に対しては点火時期の狂い、圧縮不足等、他の不調要因が見当たらない場合、高速燃料加減弁の絞り（空燃比希薄化）によって対処した。後者に対しては交換のほかなす術が無かったものの、さすが8気筒エンジンだけあって、礒田によれば「点火栓が一個完全に作用しないものでも何等運転に対して恐るる程度のものではな」かったそうである。

　点火系で案外多かったのは点火抵抗器の断線である。本形式においても41000同様、始動電動機作動時には電圧低下を生ずるため、点火抵抗器をバイパスして点火コイルに電圧を印加するツナギになっていた。点火抵抗器に断線を生ずると始動ボタン操作時にのみスパークし、ボタンを離すとスパークが止まってしまい、始動出来ない。そこで止む無く抵抗器を短絡して始動、緊急避難を行なわなければならない。しかしかくすれば、始動電動機停止後、通常、11.2V程度の電圧が作用する12V用の始動系に最大実測値27.5Vもの過電圧が印加される。ここで問題となるのが点火コイルの耐久力である。

　宮原では1939年8月16日、キハ42040を用いてコイルに24.2～24.8Vの電圧を印加した耐久テストが実施された。エンジンをアイドル運転させ、40分経過後、コイル温度73℃にて絶縁ピッチが若干流れ出し、90分後、85℃でピッチに泡立ちを生じ始めた。100分後、エンジンを停止したが、運転状況に何ら異常

は認められなかった。

翌日、コイルの絶縁抵抗を測定したところ、0.5メグΩと正常値を示した。これにより、本形式の点火系は緊急時、抵抗器を短絡しても数十分の運転には耐えられることが確認された。こんな実験までせねばならないほど点火抵抗器の断線は頻発したワケである。

始動電動機は41000のものと同じ、ボッシュタイプ（アマチュア・シフト式）であった。この始動電動機が陸軍統制型始動電動機であったことについては上述の通りである。当時、陸軍で用いられていた始動電動機にはこの代表的なアマチュア・シフト式（12V 1.4PS、24V 6PS [8PS]）のほか、ヘリカル・スプラインを用いて始動ピニオンをスライドさせリングギヤと噛み合わせるベンディックス式（フォード、シボレー、いすゞ、97式自動貨車、トヨタ）、始動ピニオンを電磁的にスライドさせるピニオン・シフト式（ビュイック、ダッジ、ニッサン）、フットペダルからの機械的リンケージによってピニオンをスライドさせるピニオン・シフト式（1939年型シボレー、ニッサン180型）等などがあった[9]。

ボッシュタイプの始動電動機が統制型として認定されたのは信頼性が相対的に高かったからにほかならない。今日普通に用いられるピニオン・シフト式がすでに存在していたにもかかわらず、その採用が少数派であった事実や1939年型シボレーが敢えて機械操作のピニオン・シフト方式を採用した事実などはその背景をなした技術的状況を髣髴させる。

さて、その型式の如何にかかわらず、始動電動機の作動はピニオンをリングギヤに噛み込ませ、リングギヤを駆動させ、始動後引き抜くという3段階に分かれる。第1の噛み込みに際してはピニオンを軸方向にスライドさせるだけでは不十分で、これを緩回転させ、両者の歯筋を合わせてやらねば歯車は噛み合わない。

ボッシュ式の場合、始動ボタンが押され補助回路が閉じられると停止中バネにより界磁の中心からズレた位置に保持されている電機子（アマチュア）と補助界磁との間に電磁的吸引力が発生し、電機子は主界磁中心まで緩回転しつつ前進する。その

先端にワンウェイ・クラッチを介して（極小型では省略）取り付けられている始動ピニオンはリングギヤと歯筋が合致したところで後者に噛み込み、クラッチを滑らせながら電機子は端まで移動する。電機子が端に達した瞬間、主回路、即ち主界磁への回路は閉じられ、電機子は強回転に入り、クラッチはそのトルクをピニオンに伝え、エンジンのクランキングが始まる。

　エンジン始動後はバックトルクによりクラッチが解除され、始動電動機が無負荷となって高速回転を始める。このため逆起電力が発生し、界磁電流を低下させて電機子と界磁との間の電磁吸引力が弱められ、ピニオンおよび電機子はバネの力で停止位置に復帰、主回路接点は開かれる。始動ボタンから手を離せば補助回路への電流も断たれる。

　このように記すと非常にシンプルな作動様式と受け取られようが、補助界磁、主界磁への2つの回路の接点からなる電磁スィッチの内、主回路の接点は電機子の移動によるストッパーの機械的解除を待って閉じられるようになっており、このストッパー部分に引っかかりを生ずると、たちまちその作動はおかしくなった。しかも、マトモに機能した場合にも電機子・ワンウェイ・クラッチ、ピニオンから成る大きな質量が一気に動くため、作動緩慢とは言え、ピニオンとリングギヤとの衝突の衝撃は大きい。逆に電機子移動量が不足することもあったし、ピニオンが噛み合った状態から抜けられず、始動電動機がエンジンにより過回転を余儀無くされるような場合（ワンウェイ・クラッチなし）もしばしば発生した。

　これに加え、エンジン停止時のクランク角は圧縮反力により6気筒エンジンの場合には3箇所、8気筒エンジンなら4箇所に限定される。このため、リングギヤにピニオンが噛み込む位置も同じ3ないし4箇所に限定される。リングギヤの痛みが数箇所に限定され、毎回これらの位置から噛み合いが始まるため、両者の衝突による局所的磨耗が進行する。

　宮原の42000においてもこの種のトラブルが頻発したらしい。後に述べるとおり、宮原の42000においては始動電動機が「酷使」されていたから、それも致し方無かったのかも知れぬ。そこで宮原では始動ピニオンの噛み合い状態が

悪く、異音を発して回転するような場合、逆転機を中立に入れてプロペラシャフトを回すか、車輌を押すかしてクランク角度を変えてから始動するなどという練達の（？）方策が編み出されていた[10]。

最悪の場合、この部分の摩耗により不完全噛み合い状態で主回路が閉じられ、電機子が強回転に入りかねないが、そうなればピニオンは一気に丸坊主になり、リングギヤの噛み合い部も飛んでしまう。陸軍では経験の浅い兵卒たちが頻繁にこんな所業を演じていたらしく、「初年兵教育に際し、始動小歯車の破損続出し小歯車不足を生じ修理不能に陥り、教育に支障を来」たした、と嘆かれるほどであった[11]。

また戦後の国鉄DMH17同様、陸軍ディーゼル機甲車輌の場合にもこの統制6馬力始動電動機が左右振り分けで2個用いられていた。そして高温時、ないし暖機後は始動電動機1個で事足りたため、使用個数を選択し、一方のみを8馬力で使用出来る回路も併設されていた[12]。

戦車ともなればその冷間始動は動車などより遥かに迅速でなければならない。しかし、2つの電動機が勝手に強回転を始めたのでは歯車に重大な損傷を生ずる。そこで同期スイッチ、つまり第1始動電動機ピニオンがモタモタと噛み込んだ瞬間に、第2始動電動機の補助回路を閉じ、第2始動電動機のピニオンが同様にギクシャクと噛み込んだ瞬間、2つの電動機の主回路が閉じられるようにする仕掛けが不可欠となる。この点はDMHでも同じである。

ところがDMHの場合でも大同小異であったと思われるが、97式中戦車においてはこの同期回路はコイルや接点焼損等、不具合の温床であった。止む無く陸軍はラチェット機構と連動した手動レバーにより2つピニオンを1操作で歯車 $\frac{1}{4}$ ピッチ（6.9°）ずつ回転させて押し出し、レバーをガチャガチャと最大4回動かせば機械的・強制的噛み込みが達成されるという「槓桿式」同期装置（同期回路も補助回路もなし）や、ラチェット機構と補助回路とを併用し、補助回路スィッチをレバーに組むことによって2つのピニオンを電気的・機械的に緩回転させつつ機械的に押し出す「補助接点付き槓桿式」同期装置を「開発」した。

しかし何れの使用実績も「配線簡単ナルモ小歯車ノ破損多シ」「噛合ハ良好ナルモ補助接点ノ焼損多ク小歯車ノ破損多シ」と評された通り不良で、97式の始動電動機は結局、ボッシュのアマチュア・シフト式に戻された。そして97式の後継機である先次大戦中の実用最終決定版たる1式中戦車においては始動電動機として緩回転回路を持たないベンディックス式の24V 15PS型がただ1個、採用されることになる。この始動電動機は機構及び回路の単純明快さで主として小型車、大衆車用にウケの良かった同方式としては特大機種に属する。しかし、この技術が決定版として戦後の自動車界に引き継がれたかと言えばそうではなかった。

戦後、1950年という早い時期から大型ディーゼル車に採用され、普及したのはベンディックス式の首をヨリ作動確実・静穏な電磁式スライド機構にすげ替えたピニオン・シフト式始動電動機であった。もとよりこれは広く世間がその信頼性を評価し要求したからにほかならない。

これとはまったく対照的に、陸軍統制型そのものであるアマチュア・シフト式24V 6PS始動電動機は1951年より国鉄DMH、更にDMF用に"動態保存"され、生きている化石となった。DMHにピニオン・シフト式始動電動機が搭載されるようになったのは1955年以降である。厳冬期、エンジンをアイドル運転し続けながら駅構内で夜を明かす国鉄ディーゼル動車の姿に「一旦止めれば再始動させる自信が余程欠けているのか？」と訝った経験は著者だけのものではなかろう。その一因は始動系電装品が長らく国鉄制式機関の弱点の一つをなしたことにある[13]。

この辺りで戦時期、宮原の42000に立ち返ろう。16両あっても予備車さえ不足していたものか、始動電動機にどうにもならぬ故障が生じた時、蓄電池が放電し切った時、あるいは蓄電池セルに異常を発見、再結線を施し、電圧低下を生じたような場合には人力ないし他の動力車による押しがけが実施された。これにもギヤを適当な段に入れてクラッチミート操作のみで始動させる方法と、圧縮空気が乏しく、クラッチが（もちろんブレーキも）使えない状態で変速機を中立に入れて押し、速度が合ったのを見計らって力ずくで何速かにシフトす

る危なっかしい方法とがあった。下り勾配が利用された点では自動車や自動2輪車の場合と同じである。

　蓄電池が完全に上がってしまった状態でも押しがけによりエンジン回転数を600rpm.以上に引き上げられれば（速度にして1速6km/h、2速10km/h、3速18km/h、4速32km/h)、発電機回転数は900rpm.以上となり、始動に十分な点火電圧が発生したから、押しがけによる始動は可能であった。但しアイドル回転数はGMFが300rpm.、GMHでは400rpm.であったため、スロットル・ストップ・スクリューを調節してアイドル回転数を高めてやる必要があった。また発進時にはスロットル開度を十分とるとともにクラッチ操作を慎重に行う——ここでも動輪の粘着係数を下げ、発進ショックを和らげるためこれを適度に空転させつつ発進させる——必要があった（75頁）。それにしても、自動車にせよ鉄道省標準ガソリン動車にせよ、その動力伝達系が押しがけ不能の液体式でなかった点は不幸中の幸いであった。そこに働いた技術進歩の見えざる均衡作用に膝を叩きたい。出来もしない望みを抱かぬに如くことはないからである。

　さて、頼りない始動電動機から常に頼られる側の発電機それ自身も電圧レギュレータの接点焼損には絶えず悩まされ続けていた。この点は自動車の場合も同様であった。宮原では1939年5月5日、蓄電池をフル充電した42008を用いて合計260Wの電灯を点灯させた場合における電解液比重降下実験を行い、このデータを元にして発電機故障による充電不能に陥っても蓄電池電解液の比重が十分なら、夜間でさえ8個ある室内灯の内、点火電力に相当する室内灯2つ（計60W）を消灯した状態で3時間半程度の走行が可能であるとの確認までなされている。


　以上の不具合発生および対策状況は酷使のゆえであったにせよ、GMHや鉄道省ガソリン動車に関して巷間流布している"初期故障克服物語"とは全く様相を異にする歴史的時間が経過していた事実を証明してくれる。

　翻って言えば、宮原機関区における実働9両、予備1両、検修6両という地方鉄道にも、もちろん地方鉄道のみならず国有鉄道にまでも攻撃を仕掛けた主

第 3 章 "酷使"・不具合・対策

体たる民間バス事業者においても見られないほどの手厚いバックアップ体制こそは、このひ弱な42000をして過密仕業に耐えさせるためにギリギリ必要とされたローテーションであった。

注
（1） 宮原機関区に関する資料は極めて乏しい。ここでの記述は西村勇夫「記録写真とともに　宮原機関区回想」（『鉄道ファン』No. 459、1999 年 7 月）に全面的に依拠している。ぜひこの記事・写真を参照されたい。
（2） 市電、西野田〜桜島線は「北港海岸」までは1925（大正14）年開業。阪神本線は同1905（明治38）年開業。なお、大阪駅は1940年の本屋（駅において鉄道が、必要な接客業務と輸送業務を行うための主要な建物）完成までは仮駅舎での営業であった。大阪市交通局『大阪市交通局50年史』1953年、79頁、『鉄道百年略史』、「電車運転開始の頃」（『鉄道ピクトリアル』No. 520、1989年12月）、"本屋"については特に吉江一雄「ファンのための鉄道施設の話　2」（『鉄道ファン』No. 86、1968年8月）、参照。
（3） 日本染料製造㈱は国策会社として1916（大正5）年に工場建設着工、2年後に操業開始、1923（大正12）年に工場建設計画が完了した。日本染料は1944（昭和19）年に住友化学と合併し、この安治川口の工場は住友化学春日出工場（現・大阪工場）となる。線路を挟んで南隣の大阪舎密工業は1897年創業の歴史ある石炭化学会社で、舎蜜は chemistry の漢訳である。同社は1925（大正14）年に大阪瓦斯と合併し、同社の大阪舎密工場となっていた。住友化学 OB の高橋弘光氏の御教示による。
（4） 宮原機関区に所属し、西成線に就役した42000に関するデータは専ら礒田寅二『ガソリン動車の故障手当　附ガソリン動車の燃料を如何に節約するか』大教社出版部、1940年、による。在籍車輌の番号は42000、42001、42008、42011、42012、42023、42024、42025、42037、42038、42039、42040、42054、42055、42056、42057であった。なお、西成線では42000の4重連運転も行われたが、これは回送列車のみであった。キハ41000ではなく、40000が最初に入線した件については鉄道史資料保存会編『昭和期の鉄道』（1994年）30、31頁、参照。
（5） 以下、使用実績、トラブルとその対策については礒田前掲『ガソリン動車故障手当』による。著者の礒田は元々、蒸気機関車の専門家で、その経歴の一つに神戸機関庫助役の職があった。同庫は官設鉄道時代、西端の拠点として設けられたが、山陽鉄道統合後、神戸市内高架化に伴い1928年4月1日付けで廃止となった

(「鷹取機関庫」新設)。同時に「神戸鉄道局」も「大阪鉄道局」と改称の上、新庁舎は大阪駅構内に建設された(前掲『鉄道百年略史』187、214、245頁及びJR西日本お客様センターの御教示に拠る)。

　残念ながら神戸機関庫廃止に伴う磯田の転出先とその後の足取りの詳細については不明であるが、運転部庶務課編纂『昭和十二年十月十四日現在 大阪鉄道局運転関係職員名簿』(鉄軌情報社)にはすでに「宮原機関区、区長、技手、明治23(1890)年生まれ、1920年任官」、と記されている。

　この名簿を見せて下さった方で、神戸機関庫時代、磯田の部下を勤められ、鷹取機関庫に転出された元・機関士の中井良吉さん(1906[明治39]年生まれ、当年99歳)は、16歳年長の磯田個人について、「恐い人」との印象ばかりが残っているとおっしゃる。御友人で1940年頃、磯田区長直属の助役を務められた原田関次郎さん(故人)もしばしば中井さんに磯田との意見の相違について愚痴をこぼしておられたそうである。『ガソリン動車の故障手当』も畢竟、豪腕磯田あっての産物と見受けられる。だが、さしもの磯田も1945年には55歳を迎える歳回りとなり、宮原機関区長を最期に勇退した。

　中井さんに拠れば、磯田区長時代の宮原機関区は機関士、機関助士を中心に総勢五、六百名の人員を数える大所帯であった。中井さん所蔵の1937年の名簿から拾うと、磯田の下には「助役、技手」4名、「技術掛、技手」1名、「機関車検査掛、技手」7名、「技工長」1名の計13人に加え、「機関士、技手」(機関士に登用後、更に学科試験に合格した人)10名、「機関士、鉄手」(古参の機関士)7名から成る技術者集団がスタッフとして控え、機関車、ガソリン動車の日常的運用に指導的役割を演じ、また次章で紹介されるガソリン動車の運用技術開発に当たろうとしていた。

(6)　もっとも、エンジン(主機)排気を暖房熱源に用い、車内に導かれる空気と直接熱交換させる方式は上述した"熱交換器における排気漏洩による生理的危険性"に加え、あるいはそのメダルの裏面としての"暖房用空気加熱器のトラブルにより運行停止を余儀無くされ得るという運行上の脆弱性"ゆえに好ましくない。

　また、戦後、エンジンをディーゼルに換装された車輌の中には軽油燃焼式暖房用ヒーターを追加搭載したものがある。ディーゼルはガソリン・エンジンと比べて圧縮比(＝膨張比)が大きく、熱効率に優る反面、燃焼熱のより大きな部分が力学的エネルギーに変換されるため排気温度はより低い。排気の暖房用熱源としての価値が低いため、暖房用熱源が別途、必要とされたわけである。DD13あたりにもウエバスト(独)の燃焼式ヒーターが取り付けられていた。

(7)　以下の概要説明は第2章第1節の図2-17を参照の上、読まれたい。

(8) 礒田同上書、111頁。礒田は $L_1$、$L_2$ とも140mm から $L_2$ = 148mm に増大された と述べている。しかし実際には42000の動軸は $L_1$ が約155mm、$L_2$ が約140mm という寸法であった。148mm に増径されたとすれば該当部位は $L_2$ だけである。因みに $L_1$ が155mm、$L_2$ が148mm という寸法は当時の電車に用いられていた車軸のそれに等しい。橋本新助「電車」（前掲『鉄道常識叢書　第九篇　貨客車・電車・内燃動車』所収）2-27頁、第七図、参照。

(9) 陸軍機甲整備学校前掲『機構車輌　電装品ノート』参照。

(10) ディーゼル・エンジンをインテーク・シャッターによって停止させることは急速・確実な停止、停止時圧縮反力による振動の防止のための方途として有意義であるほか、停止時のクランク角を分散させ、歯車、とりわけリングギヤの損傷を防ぐ方策としても有効である。その発明の経緯については坂上『伊藤正男──トップエンジニアと仲間たち』日本経済評論社、1998年、64頁参照。このインテーク・シャッターはガソリン・エンジンにも使用され得るが、導入事例については不詳。

(11) 陸軍機甲本部高等官集会所機関誌『機甲』第3号、1942年3月、64頁。

(12) 電動機のトルクは電流の自乗に比例し、電流は回路の抵抗に反比例する。蓄電池を含む回路では蓄電池の内部抵抗が回路の抵抗の一部をなすため、ツナギにより電動機出力が変化する。因みに24V 6PS 始動電動機は蓄電池容量が360Ah（180Ah × 2直列）の時、約6PS を発揮する。一方、720Ah（180Ah ×2直列の並列）の蓄電池で用いられる場合、この始動電動機は約8PS を発揮した。千葉陸軍戦車学校『電気学教程』1942年、121頁、山本峰雄編『自動車ハンドブック』朝倉書店、1962年、280～281頁参照（後者の図9.15は前者の第163図を拡大再掲載したものである）。機甲車輌の電気系全般についてはこの『教程』および前掲『ノート』参照。

(13) 戦争中のいすゞTX80型4㌧トラック用ガソリン・エンジンの始動電動機はベンディックス式12V 1.4馬力、但し戦争末期にはトヨタ、ニッサンとの共通化のため、ペダルによるピニオン・シフト式6V 1馬力に変更改悪された。戦後、1948年のTX80型5㌧ガソリン車用でこれは旧に復した（島崎喜三郎「いすゞTX80型5噸トラックについて」『いすゞ技報』第1号、1948年9月）。

1950年より量産に入り、いすゞ製品体系の根幹となったDA45型ディーゼル・エンジンには戦時型のアマチュア・シフト式24V 6馬力型に代わって日立製作所、日興電機製の24V 5馬力の電磁ピニオン・シフト式始動電動機が採用された（町田雅雄「いすゞ 5ℓヂーゼル機関の改良」『いすゞ技報』第8号、1950年6月、田村俊彦「24ボルト新型電装品について（第1、2報）」、いすゞ技報編集部「旧

型いすゞヂーゼル機関用電装品（ボッシュ型）取り扱い解説（第1、2報）」いずれも同誌9、10号、1950年9、12月）。

　国鉄ディーゼル動車用制式機関 DMH17における始動電動機は1955年度以降の液体式動車より従来のボッシュ式（SD 型と呼ばれた。24V、6 PS）からピニオン・シフト式（M 型と呼ばれた。24V、7 PS）に切り替えられ、以後、後者が標準装備された。鉄道科学社編集部前掲『図説ディーゼル動車』（1957年）、118～124頁参照。振興造機が1953年に製造し、倉敷市交通局向けの機関車（川崎車輌）に搭載された DMH36型エンジン（300PS/1,300rpm.）にはピニオン・シフト式始動電動機が搭載されていたから、この間、国鉄向けには敢えて古い技術が採用されていたことになる。神鋼造機㈱『神鋼造機三十年史』（1980年）10頁の掲載写真および資料編16頁参照。

　なお、いすゞディーゼル・エンジンには1959年、日立および日興電機製の新型ピニオン・シフト式24V 5馬力始動電動機が新規採用された。その開発時の耐久テストにおいては日立製品のピニオン・クラッチの磨耗が70,000回の作動後、ほぼ実用限度に近付いていると認められ、日興製品においてはピニオン・クラッチ板が75,000回作動後、損傷した。しかし、この試験に際し、エンジン停止時のクランク角を分散させる措置が何一つ講じられていなかったにもかかわらず、ピニオンとリングギヤには実用上問題となる摩耗は発生していなかった。隔世の感極まる、と形容されるべきであろう。豊田・菅原「1959年型ディーゼル車の電装品について」（同上誌第30号、1959年7月）。

## 第4章　燃料節減への努力
　　　——たゆみなき現場の工夫と創意

## 1．直接運転技術面での取り組み

　1939年1〜3月の調査によれば平日の西成線においては1,400ℓ前後の、日曜・休日には1,100ℓ余りの燃料が消費されていた。産業戦士の輸送という重責を担い、ひ弱なキハ42000型ガソリン動車のトラブル対策に明け暮れた礒田寅二をはじめとする宮原機関区の技術者たちは、その一方でガソリン動車運行経費節約のための実に体系的かつ独創的な、そして血の滲むような努力を続けていた。本章ではこの点に関する礒田の論述を整理し、直接運転技術面および運行支援技術面に分けてこれを紹介したい。前者に係わる事項としては・空燃比の希薄化、アイドル・カット運転、運転操作方法の改善および重連運転時の運転方法改善が挙げられる。

### (1) 空燃比の希薄化

　気化器の燃料流れを実験データに基づいてギリギリまで絞り、高回転時の燃料節約を期すため、高速加減弁の開度を制限し、希薄燃焼を促す実験が1938年5月5日より延べ2日にわたり、キハ42039を用いて大阪〜桜島間において実施された。高速加減弁とはメイン・ジェットに相当するモノであるが、通常用いられるメータリング・オリフィスに代わって流量を微調整し得るニードル・バルブが装備されていた。確かに小細工は容易だが、かえって調整の狂いが心配される構造ではある（図4-1）。

　実験は気化器高速加減弁開度（全閉からの戻し回転数）による空気混合比

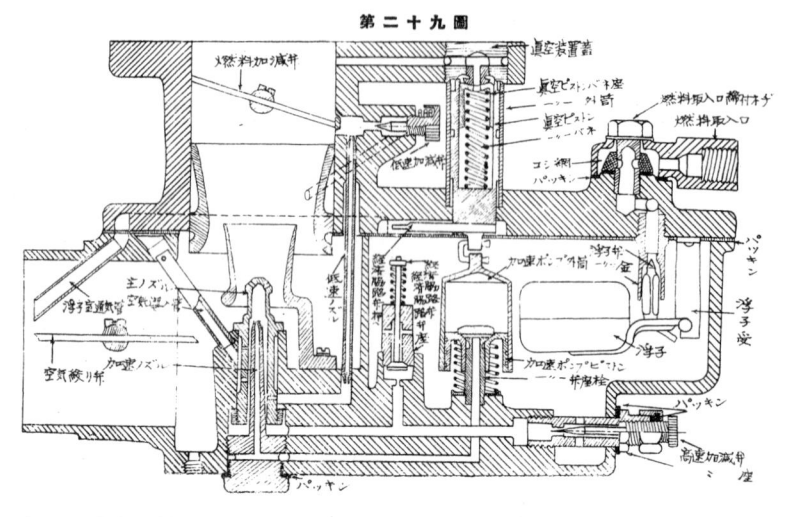

図 4-1　キハ42000型の GMH17の気化器断面図

第二十九図

右下隅が高速加減弁
礒田前掲書56頁、第二十九図。

（空燃比＝燃料質量に対する空気質量の比）ならびに燃料消費量の変化を測定しつつ、その都度、エンジンの運転状況を観察するという方法で実施された。礒田の著書、44頁よりその結果を要約すれば、

・高速加減弁開度 $2\frac{1}{2}$、スロットル平均開度54％、力行中の空燃比12.93の場合、時々軽いノッキングを生ずることがあった（この時、平均燃費579g/km）。
・高速加減弁開度 $2\frac{1}{2}$、スロットル平均開度60％、力行中の空燃比12.53の場合、時々軽いノッキングを生ずることがあった（この時、平均燃費608g/km）。
・開度 $2\frac{3}{8}$、スロットル平均開度57％の場合、軽いノッキングが起こり、時々バックファイヤを生じた（この時、平均燃費555g/km）。
・開度 $2\frac{1}{4}$、スロットル平均開度68％の場合、軽いノッキングが起こり、時々バックファイヤを生じた（この時、平均燃費570g/km）。

なお、高速加減弁開度2.0になるとバックファイヤが頻発したため、実験は途中で中止となった。この結果を承け、宮原では高速加減弁開度の限界は $2\frac{1}{2}$ と定められ、バックファイヤ等、希薄燃焼に起因すると思しき不調の兆候を示す動車においては適宜、その開度を1ないし $\frac{1}{2}$ 増してやる方針が確定された。恐らくこれ以上の希薄化は燃焼室周りの形状・スペック変更無くしては不可能であったろう。

(2) アイドル・カット運転

ガソリン動車における「無負荷運転の停止」即ちアイドル・カット運転とは近年流行の停車中、クルマのエンジンを停止させる所謂アイドリング・ストップ運転ではなく、電動車輛における"ノッチ・オフ"に相当するワザ……停車中は元より惰力走行中にもアイドル運転を停止する運転法であり、その狙うところはもちろん、これによる燃料消費削減であった。燃料噴射装置と異なり、気化器には燃料供給カット機能が無いから空転中も燃料が吸い出されるため、変速機は中立にしてエンジンは完全に停止させねばならない。

加速による危険回避を時に必要とする自動車にこの運転法は馴染まないが、あえて類縁の発想を自動車技術界に求めれば、アイドル・カット運転は現行のアイドル・ストップ運転と1930年頃、自動車界流行したフリー・ホイーリング（ワンウェイ・クラッチを利用してバックトルクによって駆動系が自由に空転出来るようにした仕掛け）とを結合させたモノに近い手口とでも言えようか。

惰力走行および停車中のアイドル運転停止が燃料消費削減に直結するのは自明の理であるが、エンジンの停止は空気圧縮機回転の停止による元空気だめ圧力の低下と始動電動機・蓄電池への負荷増大の危惧から実行には移されないでいた。

宮原での実験は1938年10月24日、キハ42025号を用いたアイドル運転中の燃料消費量測定から始められた。エンジンの回転数は340rpm.に保たれ、5分毎に消費量が計測された。この実験から燃料消費量と運転時間とがリニアに相関したデータが得られた（表4-1）。

表4-1　アイドル運転における燃料消費量

| 無負荷回転数 rpm. | 冷却水平均温度 ℃ | アイドル運転時間に対応するガソリン消費量 cc | | | | 1分間当り消費量 cc |
|---|---|---|---|---|---|---|
| | | 5分 | 10分 | 15分 | 20分 | |
| 340 | 45 | 400 | 800 | 1,200 | 1,600 | 80 |

礒田同上書、附録3頁、第一表。

表4-2　各始動方法における燃料消費

| 始動法 | 始動20回に要したガソリン cc | 始動1回当り消費量 cc | 始動1回相当のアイドル運転時間 |
|---|---|---|---|
| ① | 360 | 18 | 13.5秒 |
| ② | 1,120 | 56 | 42.0秒 |
| ③ | 1,600 | 80 | 60.0秒 |

秒数については計算の合わない数値を訂正してある。
礒田同上書、附録4頁、第二表。

　続いて始動に要する燃料が計測された（表4-2）。始動は通常時、低温時、寒冷時に対応する3種の始動法、即ち　①スロットル全閉、始動ボタンを約1秒押す、②スロットル半開、始動ボタンを約2秒押す、③チョークを3分の2絞り、始動ボタンを約10秒押しながらスロットルを3回開閉する、の3方式それぞれについて20回行われ、始動毎に10秒間の無負荷運転が伴うものとした。実験結果は表の通りで、通常の始動1回は約14秒のアイドル運転に相当する燃料を消費することが実証された。言い換えるなら、通常の気候条件の下でアイドル・ストップ時間が15秒以上稼げる限り、アイドル運転を止めた方が燃費面では得、という結論になる。

　これに続いてアイドル運転を止めた場合の電気系統への負の影響、即ち蓄電池および始動電動機の負荷増大ならびに元空気だめ圧力低下の程度を確認する実験が行われた。

　まずは始動回数。宮原の42000は一例としてある日の午前5時51分から大阪～桜島間を15往復、大阪～安治川口間1往復し、合計266.6kmを走行する、といった仕業に就いていた。1938年の10月29、30、31日の三日間にわたり、9つの仕業について実態が調査された。その結果、1仕業当りの始動回数は最大4回（短い仕業）から最大26回までのバラツキがあり、平均すると1仕業当り

始動回数は18回、という数字が得られた。

　両終端駅におけるアイドル運転をカットすることによって、1仕業平均14回の始動回数増加が見込まれた。そこで18回から32回に増加した始動回数により蓄電池および始動電動機に現れる影響を明らかにするための実験が春の訪れを待って翌年4月4日から29日にかけて実施された。42012と42056の2両が実験台に選ばれ、1両には大阪駅、桜島駅および安治川口駅に入構の際の惰行中から折返し発車30秒前までエンジンを停止する運転（A）を行わせ、他の1両には5分以上停車する場合にのみエンジンを停止させた（B）。実験誤差を少なくするため、この2両には灯火の点灯時間を厳密に一致させ、しかも仕業一巡後、運転パターンA、Bを入れ替えて二重にトライアルを行わせた。

　チェック項目は各仕業における始動回数と電解液の比重降下状況とであった。42012で得られた結果はA（平均始動回数40）、B（同20）何れのパターンにおいても電解液比重の推移に大差はなく、危険を感じさせるような落ち込みも観測されなかった。42056のデータもA（平均始動回数38）、B（同26）と、始動回数こそ多目ながら、電解液比重の推移は同様の傾向を示し、始動負荷は蓄電池に対して大きな影響を及ぼさない、との命題が確立された。

　更に、上述の通り1939年5月5日には42008を用いた定地試験でフル充電状態から合計260Wの灯火を点灯した場合における蓄電池電解液比重の推移が測定され、8時間でそれがかなり危険なレベルまで低下する事実が確認された。翌6日にはフル充電された42001を用いて500回に及ぶ始動を繰り返す実験が行われ、電解液比重が十分保たれると確認された。

　これらの点を踏まえ、西成線のような短い路線では蓄電池への充電が行われないアイドル運転をなるべく短縮すべきであるとの結論が導き出された。

　電気系統で今一つ考慮されるべきは始動電動機に対する負荷の問題であった。実はこの点についての検証は礒田が明示的には述べていないアイドル・カット運転の実施移行時期の特定とも係わってくる。

　礒田は文章表現としてではなく、表のキャプションの形で1938年9月1日から12月15日までをアイドル・カット運転実験実施前にほぼ相当する3カ月半と

表示している。この間に宮原機関区所属の42000（保有両数は12から16に増加）に発生した始動電動機関連故障は9件（月平均2.5件）であった。同じく実験開始後の3カ月半にほぼ見合うと表題に示される1938年12月16日から1939年3月12日までの期間における同発生件数は4件（月平均1.1件）であった。

こう語られる以上、アイドル・カット運転は1938年12月16日以降、上述の実験車輌2両以外の42000、14両にも導入されたと見なされねば不合理である。蓄電池の自然放電が激しく、始動自体にももたつきを伴い勝ちな、したがってアイドル・カット運転の効能が薄められる真冬に向かって一気呵成にアイドル・カット運転を実施という運びに至った事実からは燃費向上に向けた意欲のほどが実感される。

礒田は上の二つの故障件数を無限定に突き合せ、アイドル運転カットは「起動電動機の保守に何等支障を及ぼさないことが判明した」（附録7頁）と結論付けている。しかし、この数字から得られる合理的結論は"短期間、この程度に使用強度が増したぐらいではいくらボッシュ式始動電動機でも故障発生率上昇は惹起されなかった"、というだけのコトである。それゆえ、始動電動機の負荷増大から生ずるトラブル云々という点に関しては"実施期間が短かったことも手伝って、未だ有意な結論が得られるには至っていなかった"、としておく方が穏当である。

電気系統とともに重要なポイントはエンジン停止、空気圧縮機停止に伴う元空気だめの圧力降下の影響である。1938年11月、宮原の42000全数16両について元空気だめ圧力の自然降下率に関する調査が実施された、初圧を $7\,\mathrm{kg/cm^2}$ に設定し、車輌を放置したところ圧力はリニアに降下し、30分後には平均して約 $5.4\,\mathrm{kg/cm^2}$ となった。これと並行して同じ初圧から単車直通ブレーキ（ブレーキ・シリンダ圧 $3\,\mathrm{kg/cm^2}$）、3重連自動ブレーキ（ $1.4\,\mathrm{kg/cm^2}$ ）、重連自動ブレーキ（ $1.4\,\mathrm{kg/cm^2}$ ）、単車直通ブレーキ（ $4\,\mathrm{kg/cm^2}$ ）、単車自動ブレーキ（ $1.4\,\mathrm{kg/cm^2}$ ）、2および3重連非常ブレーキをそれぞれ4度作動・解放させ、その都度の減圧状況が計測された。概ね減圧はこの順に大きかったが、最も減圧の甚だしい2・3重連非常ブレーキでもエンジン停止10分後、少なくと

も2度にわたってフル作動・解除可能である事実が確認された。駅間距離の短い西成線のような線区においてはこれで十分であった。

1939年10月3日には42054による大阪〜桜島間2往復の単車運転列車（直通ブレーキ）について、アイドル運転実施の場合とアイドル・カットの場合とで元空気だめ圧力がそれぞれいかに推移するかについての計測が0.5km毎に実施された。その結果アイドル運転実施の場合における最低圧力とアイドル・カット時のそれは、上りで$6.1kg/cm^2$に対して$5.5kg/cm^2$、下りでは$6.0kg/cm^2$に対して$5.7kg/cm^2$となり、確かにアイドル・カット運転においてやや低くは出たが、その差は何れも軽微であり、かつ停車中の現象であったから運転には何ら差し支えないことが判明した。

更に11月9日には42037＋42001＋42023の3重連列車（自動ブレーキ）を用いて同様の比較計測が行われ、ほぼ同様の結果が得られた。なお、アイドル・カット運転実施に当っては汽笛吹鳴による圧縮空気の消費についても調査される必要があった。これについてはすでに5月23日、42056を用いた実験により、エンジン停止状態で標準仕様の汽笛を28秒ほど吹鳴すると$7kg/cm^2$の元空気だめ圧力が一気に$5kg/cm^2$まで降下してしまう事実が判明しており、汽笛の空気孔に$2.5φ$、$2.0φ$、$1.5φ$の"絞り"を挿入した実験により、$2.0φ$の"絞り"を挿入すれば音量を著しく損なうことなく空気消費量を半減させられる事実が掴まえられていた。

これらの実験を通じて圧縮空気圧力レギュレータの最低圧を通常の$6.0cm^2$から$6.5cm^2$に調整し直す予防策を講じれば、アイドル運転削減によるブレーキ系統への不安は一掃されると結論付けられた。

以上はアイドル・カット運転が運行経費削減上有利であり、かつ実施可能であるという一般的命題の確認であった。続いてその実効性に関する現実的な"読み"と実際にサンプリングされたデータを紹介しよう。西成線の1-9号および臨102号仕業における項目別1日アイドル運転時間および同燃料消費量、同金額の集計概算値は表4-3の通りであった。

これを一カ月当りに直せば、総アイドル時間は10万1,200分あまり、ガソリ

表4-3　西成線における1日当りアイドル運転時間・燃料消費量・燃料消費額見積

| 大阪駅折返し (分・秒) | 桜島駅折返し (分・秒) | 西成線 (分・秒) | 回　送 (分・秒) | 総　計 (分・秒) | ガソリン消費量 ($\ell$) | 同価格 (銭) |
|---|---|---|---|---|---|---|
| 388.00 | 538.00 | 2380.00 | 70.00 | 3376.00 | 270.04 | 4185.62 |

アイドル運転は340rpm.、燃料消費量は0.08$\ell$/分として計算。ガソリン価格は15.5銭/$\ell$。
西成線とあるのはその1往復当り20分のアイドル運転時分を仮定し、1日当り往復数を掛けた値。
入換・検修に消費するガソリンは除外。
磯田同上書、附録21頁、第七表より。

ン消費量は8,000$\ell$強、金額は1,200円以上達することになる。

　第一段階のアイドル・カット運転が実施されれば、上表の両終端駅折返し時のアイドル運転時間388＋538＝926分はすべてカットされる。また、「西成線」の項2,380分からは大阪、桜島、安治川口駅入構時のアイドル運転のみ、1列車1回につき1分30秒、3駅合計で354分6秒がカットされる。回送運転中のアイドル時分の内、カット可能な惰力走行時分は64分であり、これらを合計すれば1,344分のアイドル・カットが実現されることになる。これによる1日当り燃料節約量は107.52$\ell$、金額は1666.5銭と推算された。上述の通り、この運転方法は1938年12月16日から実施に移されたらしい。

　更に第二段階の、即ち中間駅への入構前後の惰走・停止中におけるアイドル・カットまで行えば1日当り162.52$\ell$が上乗せされ、上表のとおり総計270.04$\ell$のガソリンが節約可能と推算された。そこで第一段階の運転方法を8ヵ月近く経験した1939年8月11日より、一歩踏み込んだ第二段階の運転方法が実行に移された。

　これによる動車群全体についての燃費改善効果は図4-2に示されるとおり顕著で、運転操作の慣熟とともに燃費は従前の平均0.65$\ell$/kmから同0.52$\ell$/km前後へと急激に改善された。

　また、1939年10月2日から7日にかけて42054の単車列車16本（8往復）を用いて計測された西成線1往復当り燃料消費量は最小5.00$\ell$から最大9.85$\ell$までのバラツキを示したが、実際の節減効果は最小1.40$\ell$から最大3.00$\ell$、平均して2.19$\ell$に及んだ。これは走行1km当りに換算すれば0.135$\ell$の節減に相

図4-2　中間駅アイドル・カット運転導入による動車走行1km当り燃料消費量の低減

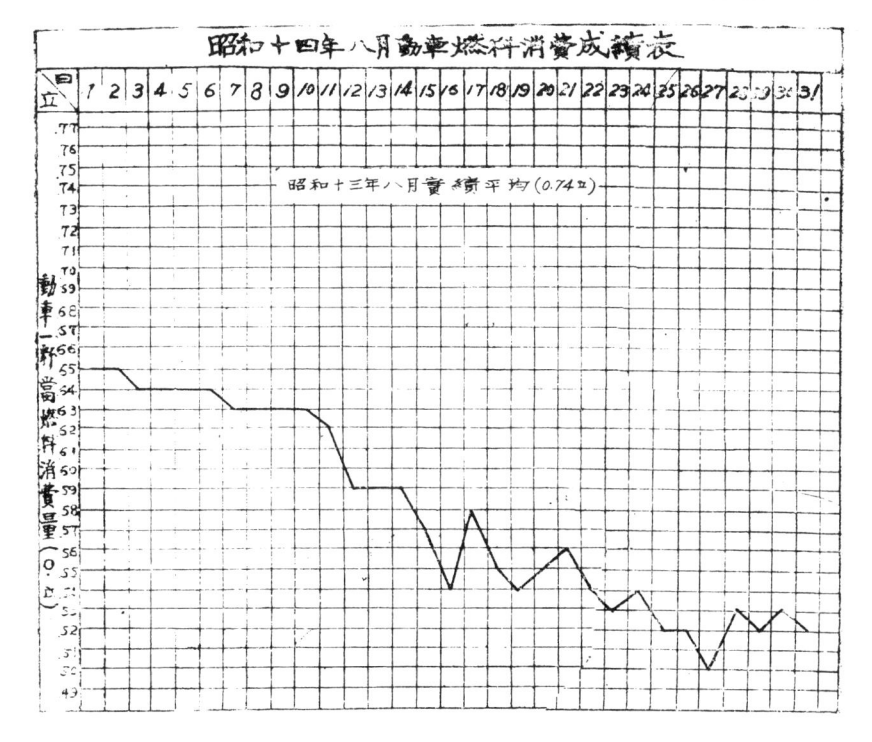

礒田同上書、附録24頁、第九表。

当した。

　この実績値を宮原の動車すべての1日当り往復回数118と掛ければ、2.19×118＝258.42ℓの節減効果となる。また、大阪～宮原間の回送運転における節減効果は実績値として5.0ℓと出たから、1日当りガソリン節約量は約263ℓという数値となった。

　なお、エンジン始動から発進までの間に発生するアイドル運転の影響で推算値の270ℓとの間に誤差が生ずるものと睨まれたため、42054単車列車を用いた先の燃費計測においては毎日2名、総数12名の機関士について始動～発進間アイドル運転時間が調査され、発車1回当り最長30.2秒、最短3.3秒、平均する

と12.12秒のアイドル運転が行われている事実が突き止められた。これに1往復当り始動回数5、1日当り延べ往復回数118を掛け、アイドル燃費0.08 $\ell$/min として計算すれば19.2 $\ell$ の燃料消費となる。ただ、アイドル運転時間をゼロにすることは不可能であるから、宮原機関区では10秒を標準のアイドル運転時間と定めた。これが実現されれば更に3.36 $\ell$、都合、266.36 $\ell$ のガソリンが節約されることになると推算された。

### (3) 運転操作方法の改善

運転操作方法改善の精華は変速操作の技量向上にあった。これについてはしかし、機関士各自が日頃の経験を通じて自ら最適と信ずる方法を模索、確立していたから、頭ごなしに改善命令を出すような方途に及ぶべきではなかった。この点に鑑み、宮原では上述の42054単車列車を用いた燃費、始動後アイドル運転時間計測に際し、機関士12名、1人8列車、計96列車についてシフトポイント（変速操作に至った速度および変速操作までの累計時間）の調査が実施された。まさに現代における自動車運行管理用"レボタコグラフ"[1]なみのデータ・サンプリングである。その細かなデータは煩雑に過ぎるためすべてを再掲することは避けるが、燃費の点で成績最優秀であったa機関士の10月6日における運転振りを表4-4に紹介しておく。

a機関士は西九条～野田間および福島～大阪間では4速を使っていない。前掲図3-2に示されるとおり、前者は区間距離が約1kmと短い上に出発後、すぐに10‰上り勾配に差しかかり、爾後、アイドル・カットに相応しい下り緩勾配が続く。後者は同様に短い区間距離で、前半には最大25‰の上り勾配が含まれ、後半はアイドル・カット可能な水平区間となっている。ところが、この西九条～野田間でも6名の機関士は4速を常に、または列車重量に応じて使用していた。福島～大阪間でも1名は4速を使っていた。

表4-4から桜島～安治川口間の平均値を取り出し、他の機関士のそれと合わせて図式化したのが図4-3である。

明らかにa機関士は高加速型、それも低速ダッシュ型で滑らかな運転操作を

表4-4　ガソリン動車変速操作速度時間調査表（a機関士、上り列車のデータ）

| 列車番号 | 桜島〜安治川口 | | | | | | | 安治川口〜西九条 | | | | | | |
|---|---|---|---|---|---|---|---|---|---|---|---|---|---|---|
| | 変速操作速度 | | | 変速操作時間 | | | 力行時間 | 変速操作速度 | | | 変速操作時間 | | | 力行時間 |
| | 2 | 3 | 4 | 2 | 3 | 4 | | 2 | 3 | 4 | 2 | 3 | 4 | |
| 1644 | 12 | 22 | 32 | 10 | 26 | 41 | 101 | 13 | 22 | 34 | 10 | 20 | 38 | 82 |
| 1648 | 12 | 20 | 30 | 8 | 24 | 41 | 64 | 12 | 23 | 34 | 12 | 24 | 40 | 82 |
| 1656 | 12 | 21 | 32 | 10 | 23 | 37 | 60 | 13 | 23 | 32 | 10 | 22 | 37 | 87 |
| 1660 | 13 | 22 | 30 | 9 | 23 | 35 | 56 | 14 | 22 | 33 | 10 | 18 | 37 | 92 |
| 平均 | 12.2 | 21.2 | 31 | 9.2 | 24 | 38.5 | 70.2 | 13 | 22.5 | 33.2 | 10.5 | 21 | 38 | 85.7 |

| 列車番号 | 西九条〜野田 | | | | | | | 野田〜福島 | | | | | | |
|---|---|---|---|---|---|---|---|---|---|---|---|---|---|---|
| | 変速操作速度 | | | 変速操作時間 | | | 力行時間 | 変速操作速度 | | | 変速操作時間 | | | 力行時間 |
| | 2 | 3 | 4 | 2 | 3 | 4 | | 2 | 3 | 4 | 2 | 3 | 4 | |
| 1644 | 12 | 22 | ＊ | 10 | 22 | ＊ | 41 | 12 | 22 | 35 | 10 | 23 | 43 | 71 |
| 1648 | 14 | 24 | ＊ | 12 | 25 | ＊ | 42 | 12 | 22 | 30 | 9 | 20 | 36 | 73 |
| 1656 | 13 | 22 | ＊ | 10 | 23 | ＊ | 42 | 12 | 20 | 32 | 9 | 18 | 36 | 73 |
| 1660 | 12 | 22 | ＊ | 9 | 22 | ＊ | 42 | 12 | 20 | 32 | 9 | 20 | 36 | 73 |
| 平均 | 12.7 | 22.5 | ＊ | 10.2 | 23 | ＊ | 41.7 | 12 | 21 | 32.2 | 9.2 | 20.2 | 37.7 | 72.5 |

| 列車番号 | 福島〜大阪 | | | | | | |
|---|---|---|---|---|---|---|---|
| | 変速操作速度 | | | 変速操作時間 | | | 力行時間 |
| | 2 | 3 | 4 | 2 | 3 | 4 | |
| 1644 | 12 | 22 | ＊ | 10 | 25 | ＊ | 74 |
| 1648 | 14 | 22 | ＊ | 11 | 25 | ＊ | 75 |
| 1656 | 12 | 22 | ＊ | 10 | 23 | ＊ | 79 |
| 1660 | 12 | 22 | ＊ | 9 | 25 | ＊ | 81 |
| 平均 | 12.5 | 22 | ＊ | 10 | 24.5 | ＊ | 77.2 |

礒田同上書、附録33頁、第十五表より。

行っている。上図に表された6名の機関士の燃費データをまとめると表4-5のようになる。

　列車重量に多寡があるため、単純な走行距離当り燃料消費量では比較に公平を欠くためトン・キロ当り消費量と走行1km当り消費量とが併記されているが、いずれにおいてもa機関士は最良の成績を残した。また上位3名と下位3名とでは成績にかなりの開きが見出された。

　変速速度、したがって変速時のエンジン回転数はどの機関士の場合にも大差

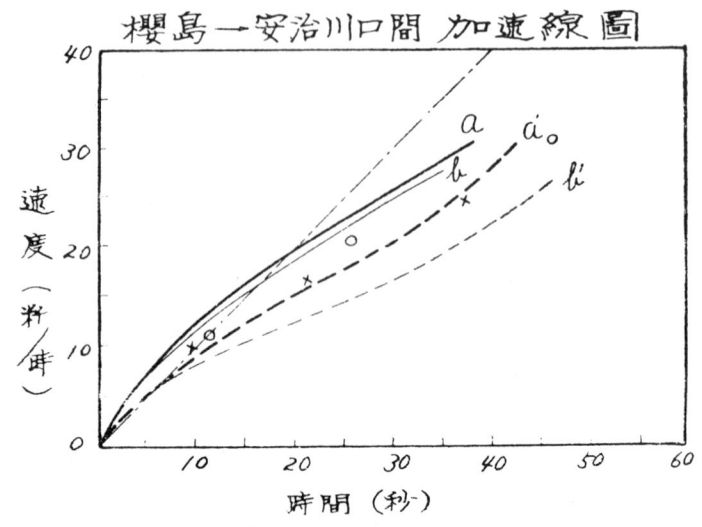

図4-3　a機関士と他の機関士（a'、b、b'、c、c'）の桜島～安治川口間における加速線図

○印はc機関士、×印がc'機関士を表す。
礒田同上書、附録37頁、第十七図。

表4-5　6名の機関士の燃費データ

|   | トン・キロ当り燃料消費量（ℓ） | 1km当り燃料消費量（ℓ） | 順位 | 平均往復力行時間 |
| --- | --- | --- | --- | --- |
| a | 0.01462 | 0.434 | 1 | 10分37秒9 |
| b | 0.01479 | 0.435 | 2 | 10分57秒1 |
| c | 0.01495 | 0.443 | 3 | 11分03秒3 |
| a' | 0.01706 | 0.529 | 12 | 13分03秒3 |
| b' | 0.01651 | 0.495 | 11 | 14分10秒8 |
| c' | 0.01610 | 0.472 | 10 | 12分56秒5 |

トン・キロ当り燃料消費量＝消費量／｛(動車自重＋荷重)×走行距離｝　単位はℓ、トン、km。
礒田同上書、附録40頁、第十七表、第十九表より。

なかった。これはエンジンの音と速度計の示度とを頼りに変速することから見て首肯出来る結果であった。

　しかしトップのa機関士と最下位のa'機関士とでは変速までの経過時間に差があり、a機関士は常に先行しており、平均して2速へのシフトアップに際して約3.9秒、3速へのシフトアップに約9.3秒、4速へのシフトアップに際しては約9.2秒、操作が早かった。その結果が平均往復力行時間の差となって現

われている。

　a機関士は低中速ダッシュ型の加速運転ゆえに最良の燃費をマークした。宮原のすべての42000乗務機関士がa機関士と同じ運転を行えば、1日当りガソリン節約量は約182ℓに上る。これは相当大きな数字であった。西成線のような区間距離が短く各駅停車ばかりの線区においては彼の滑らかで低・中速ダッシュ型の加速とアイドル・カット運転との組み合わせこそが最も少ない燃料消費に直結したワケである。

　この結果に鑑み、宮原では半数の機関士が運転技量向上の必要アリと認められ、彼らに対して以下の指示が発せられた。

1. 加速時の変速操作については原則として次の指示によること。
    A　1速で8秒間、速度12km/hまで加速し、2速に切替えること。この間の加速は1.5km/h/秒。
    B　2速にてスタートより16秒間、速度20km/hまで加速し、3速に切り替えること。この間の加速は1.0km/h/秒。
    C　3速にてスタートより36秒間、速度36km/hまで加速し、4速に切り替えること。この間の加速0.5km/h/秒。
    D　上記の加速は動車の性能から考え、未だ余裕があると認められる。変速操作所要時間は可能な限り短縮して平均加速度を低下させないこと。
2. 動車のブレーキングは平均減速度2km/h/秒を原則とする。
3. スロットル開度はノッキングを発生させない限度一杯まで大きく取り、なるべく4分の3以上開くようにすること[2]。
4. 各区間において力行から惰力走行に移った際には直ちにアイドル・カット運転に入ること。
5. 出庫時を除き、始動後のアイドル運転時間はなるべく短縮し、中間駅における始動に際しては1回10秒程度とすること。

　上の方法によって技量の低い機関士たちの運転法が改善されるならば、丸々182ℓとまでは行かずとも、その半分、91ℓ程度の燃料が節約可能と期待され

図4-4 西成線標準運転線図

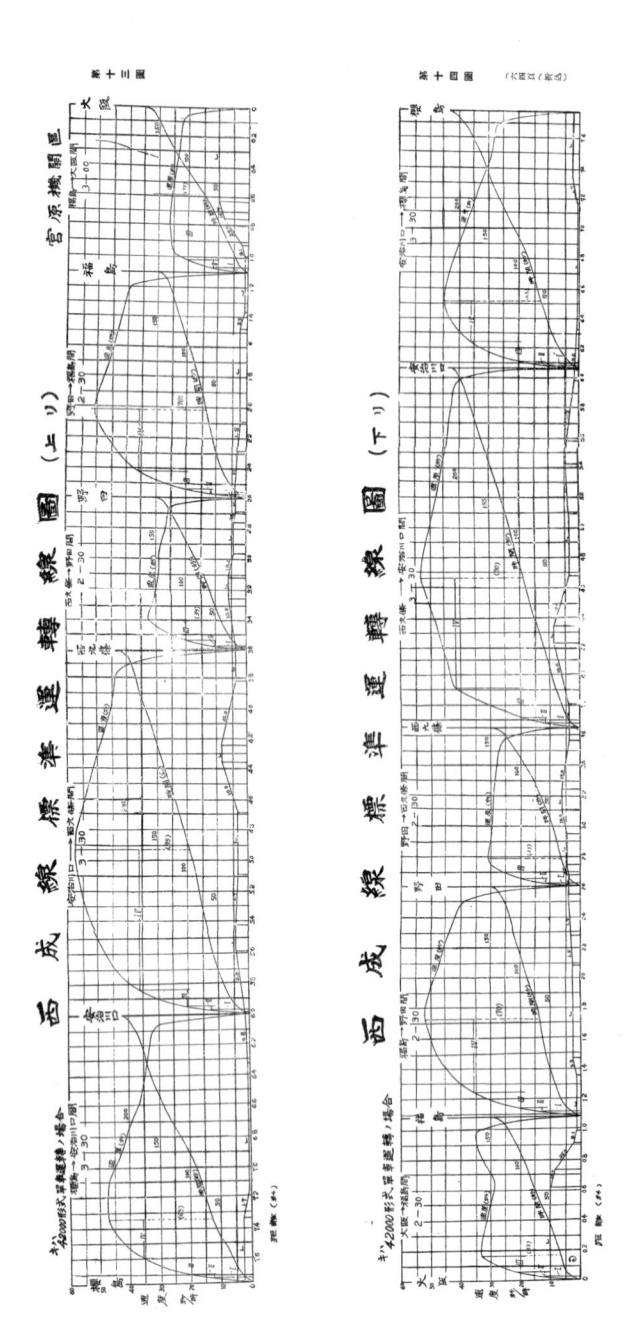

た。宮原では改善の方途として上の指示に従って単車列車を運行した場合の「標準運転線図」が作成され、教育に資せられた。これを図4-4として掲げておく。

### (4) 重連運転時の運転方法改善

西成線のガソリン動車運用法を他と区別するメルクマールは本来、単車運転を建前として設計され、総括制御のための設備を一切欠くこの車輌を恒常的に重連、3重連で走らせていた点にある。そこでは機関士の技量のみに依存する芸当が演じられ、先にも引いたように「現在の處重連動車の各車輌に乗務する機関士は只呼吸を合せて之に依り辛うじてその歩調を保つて居るに過ぎない」と嘆息されるような状況が日常化していた。

しかし、そうした状況のもとでなお、運転操作の改善を通じた燃料消費向上を目指した宮原機関区スタッフの努力が繰り広げられていた。1939年10月10日、18日には42011＋42056＋42054の3重連列車を用いてA：無作為運転、B：技量優秀かつクセの一致した機関士が先頭車機関士の発するブザーによる合図により各駅でエンジン始動を行った運転、C：これに加え、変速操作もブザー合図によって行った運転、という3種の運転方法を採った場合における燃費の比較調査が実施された。表4-6はその総括である[3]。

選ばれた動車は比較的燃費の良いもので、スロットル開度はノッキング限界内であれば4分の3を維持するようになされた。Aにおいては西成線1往復当り各動車の燃料消費量に最大2.8ℓ、走行1km当り0.173ℓ（25％）の差が見出され、Bにおいてはこれが1.2ℓ、0.074ℓ（17％）に低下した。更にCにおいては0.6ℓ、0.037ℓ（7％）とそのバラツキは僅少な値を示した。

以上の差は概ね運転操作の差に起因するものと考えられた。この実験によって操作の不一致が燃費悪化の要因となっている様子が明らかにされたことになる。その教訓を活かすためにも、少なくとも始動時期（アイドル運転継続時間）、変速時期、スロットル開度については操作ごとにブザー合図によってこれを同調させた運転が実施されるべきであった。

表4-6 3重連動車の西成線1往復当り燃料消費データ

| 種別 | 調査項目 | 動車重連順位ならびに番号 | 動車順位 前部 42011 | 動車順位 中部 42056 | 動車順位 後部 42054 | 計(ℓ)平均(ℓ/km)差(%) | 最大最小差(ℓ、ℓ/km) |
|---|---|---|---|---|---|---|---|
| A | 燃料消費量（ℓ）a | | 8.2 | 9.25 | 8.0 | 25.45 | 1.25 |
| | 燃料消費率（ℓ/km）b | | 0.506 | 0.571 | 0.494 | 0.524 | 0.077 |
| | 燃料消費量（ℓ）a' | | 7.2 | 10.00 | 8.6 | 25.80 | 2.8 |
| | 燃料消費率（ℓ/km）b' | | 0.444 | 0.617 | 0.494 | 0.531 | 0.173 |
| | 往復平均値（a＋a'）/2 | | 7.7 | 9.62 | 8.30 | 25.62 | * |
| | 往復平均値（b＋b'）2 | | 0.475 | 0.594 | 0.512 | 0.527 | * |
| | 3両中最小値に対する指数 | | 100 | 125 | 107 | 25% | * |
| B | 燃料消費量（ℓ）a | | 7.1 | 8.3 | 8.2 | 23.60 | 1.2 |
| | 燃料消費率（ℓ/km）b | | 0.438 | 0.512 | 0.506 | 0.486 | 0.074 |
| | 燃料消費量（ℓ）a' | | 6.4 | 7.5 | 7.4 | 21.30 | 1.1 |
| | 燃料消費率（ℓ/km）b' | | 0.395 | 0.463 | 0.457 | 0.438 | 0.062 |
| | 往復平均値（a＋a'）/2 | | 6.75 | 7.9 | 7.8 | 22.4 | * |
| | 往復平均値（b＋b'）2 | | 0.417 | 0.448 | 0.481 | 0.462 | * |
| | 3両中最小値に対する指数 | | 100 | 117 | 115 | 17% | * |
| C | 燃料消費量（ℓ）a | | 7.65 | 7.5 | 8.0 | 23.15 | 0.5 |
| | 燃料消費率（ℓ/km）b | | 0.472 | 0.463 | 0.494 | 0.476 | 0.031 |
| | 燃料消費量（ℓ）a' | | 7.5 | 7.2 | 7.8 | 22.50 | 0.6 |
| | 燃料消費率（ℓ/km）b' | | 0.463 | 0.444 | 0.481 | 0.463 | 0.037 |
| | 往復平均値（a＋a'）/2 | | 7.57 | 7.35 | 7.90 | 22.80 | * |
| | 往復平均値（b＋b'）2 | | 0.468 | 0.454 | 0.480 | 0.470 | * |
| | 3両中最小値に対する指数 | | 103 | 100 | 107 | 7% | * |

磯田同上書、附録50頁、第二十二表より。

 しかしながら、西成線は駅間距離、運転時間ともに短小であったため、ブザー合図による運転は乗務員にとって過重負担となる、という固有の事情が存在した。そこで当面は上述の標準運転線図に準拠した運転法の徹底により変速操作タイミングの同調を図る方途に甘んずることと結論された。

 2・3重連運転に関する問題のいま1つは回送の取扱いであった。従来採られていた空車回送運転法は2・3・4重連で各動車とも力行運転するという方式であった。しかし、エンジンの熱効率という観点からすれば、スロットル・バルブを絞って多大のポンピング・ロスを発生させながら各車輌のGMH17を稼動させるのは不合理の極みである。そこで1938年11月、重連回送列車においては後位車輌を、3重連回送列車においては中間車輌を、4重連回送列車にお

第4章 燃料節減への努力

表4-7 重連回送列車の1動車を惰行させた場合の燃料節約量

| 経路及び行き先 | 機関運転時分 | 列車番号 | 運方法別の合計燃料消費量（ℓ） ||||||  差引き減少量（ℓ） |
| --- | --- | --- | --- | --- | --- | --- | --- | --- | --- |
| | | | 全車力行 ||| 1両惰行 ||| |
| | | | 4重連 | 3重連 | 2重連 | 4重連 | 3重連 | 2重連 | |
| 東回り大阪行き | 22分 | 1787 | 23.4 | | | 18.2 | | | 5.2 |
| | | 1785* | | 17.3 | | | 11.5 | | 5.8 |
| | | 1785* | | | 9.95 | | | 6.65 | 3.3 |
| 東宮原行 | 22分 | 1798 | | 12.9 | | | 11.0 | | 1.9 |
| 西回り宮原行 | 21分 | 1769 | | 15.52 | | | 9.0 | | 6.52 |
| | | 1771 | | | 8.77 | | | 5.2 | 3.57 |

＊はママ。恐らく何れかが誤植。

　戦前の東海道本線の長距離列車は神戸を発着駅とするものが多かったが、事実上、大阪駅がそのターミナルであった。宮原操車場（現在の宮原客車基地）はこの大阪駅をバックアップする操車場に相応しく本邦唯一の"貫通式"と呼ばれる配置をとっており、新淀川を挟んで北の宮原と南の大阪は環状の線路で結ばれている（前掲図3-1参照）。これは上り下り何れの列車においても大阪駅での機関車付替えを要しない合理的な構造である（但し電車や気動車ではそのメリットは失われる）。

　大阪～宮原間の回送用環状線路は東西に分かたれ、東回りの走行距離は4.7km、同西回りは6.9kmの道のりであった。ターミナル駅と客車基地の配置、宮原の特性については天野・前田・三輪『図説 鉄道工学』丸善、1992年、62頁参照。

礒田同上書、附録53頁、第二十三表より。

いては最後位車輌を附随車として使用し、そのエンジンの運転を停止する実験が行われた。

　その結果は表4-7の通りで、1日当り東回り大阪行き4重連1列車、3重連1列車、重連1列車、東回り宮原行き3重連1列車、西回り宮原行き3重連1列車、重連2列車、という回送列車本数を用いて算定すれば、1日約29.86ℓのガソリンの節約が可能と判明した[4]。

　この成果を実行に移した宮原では更に1939年4月12、14両日、朝夕通勤時の折返し列車がほぼ定員乗車状態に過ぎない点に着目し、朝の上り折返し列車を回送列車並みに1両附随車化する運行実験を桜島～大阪間で実施した。その結果は表4-8の通りである。表中、3両力行の1624ℓにおける消費量が1両附随車運転の1616ℓの消費量より少ないのは、この列車が下り列車で生じた遅れを挽回する運転を行わなかったためと推定された。総じて、この運転方法を導

表4-8　3重連動車の1両附随車化による燃費節減効果

|  | 列車番号 | 全運転時間（分、秒） | | 平均乗車人員 | 合計燃料消費量 (ℓ) | 同一列車減少量 (ℓ) |
|---|---|---|---|---|---|---|
|  |  | 所定 | 実際 |  |  |  |
| 3両力行 | 1608 | 17.00 | 15.30 | 134 | 19.5 |  |
|  | 1616 | 17.00 | 15.45 | 94 | 16.7 |  |
|  | 1624 | 19.00 | 18.52 | 72 | 14.5 |  |
|  | 平均 | 17.40 | 16.42 | 100 | 16.9 |  |
| 1両附随 | 1608 | 17.00 | 16.10 | 156 | 12.5 | 7.0 |
|  | 1616 | 17.00 | 15.25 | 110 | 15.4 | 1.3 |
|  | 1624 | 19.00 | 18.50 | 85 | 12.3 | 2.2 |
|  | 平均 | 17.40 | 16.33 | 117 | 13.4 | 3.5 |

礒田同上書、附録55頁、第二十五表。

入することによって相当の節減効果が約束されるという見込みが判明した。

但し、折返し列車を追い込んで超過密通勤列車で発生した遅延時分の回復を図らねばならない西成線の特殊事情を考慮するならば、この運転方法の全面的導入は非現実的であった。礒田は僅かにその部分導入への期待を述べるにとどめている。

## 2．運行支援技術面での取り組み

宮原機関区における多面的なガソリン動車運行経費節約努力の中で運行支援技術面に係わる事項としては仕業別標準燃料消費量の制定、冬季に奨励されていたエンジンへの"温水張り込み"廃止、空車回送運転の一部廃止、気化器オーバーフロー燃料の回収、ならびに機関区備付け空気圧縮機による動車元空気だめへの充填が挙げられる。

(1) 仕業別標準燃料消費量の制定

宮原における現場的努力の成果として着実な燃料消費削減が達成されていく過程においては、その進捗度の計測方法にも進化が生じた。1939年11月15日に制定された「仕業別ガソリン動車燃料標準使用量」に基づく燃料消費量査定方

表4-9　仕業別ガソリン動車燃料標準使用量

| 仕業番号 | 走行距離 km および燃料使用量 ℓ | | | | 回送距離 km および燃料使用量 ℓ | | | | 燃料使用量 ℓ | |
|---|---|---|---|---|---|---|---|---|---|---|
| | 総走行距離 | 重連 | 単車 | 使用量 | 回送距離 | 使用量 | 大阪駅入換使用量 | 宮原入換使用量 | 合計 | 1 km 当り |
| 31 | 141.2 | 129.6 | ＊ | 62 | 11.6 | 2.5 | 2.5 | 1.2 | 68 | 0.481 |
| 32 | 189.8 | 145.8 | 32.4 | 80 | 11.6 | 2.5 | 2.5 | 0.8 | 86 | 0.453 |
| 33 | 280.6 | 226.8 | 44.4 | 123 | 9.4 | 2 | 2.5 | 0.8 | 128 | 0.456 |
| 34 | 254.6 | 226.8 | 16.2 | 114 | 11.6 | 2.5 | 2.5 | 0.8 | 120 | 0.471 |
| 35 | 266.6 | 226.8 | 28.2 | 118 | 11.6 | 2.5 | 2.5 | 0.8 | 124 | 0.465 |
| 36 | 183.4 | 141.6 | 32.4 | 78 | 11.6 | 2 | 2.5 | 0.6 | 83 | 0.452 |
| 37 | 319.2 | 194.4 | 113.4 | 128 | 11.6 | 2.5 | 2.5 | 0.8 | 134 | 0.419 |
| 38 | 278.6 | 109.2 | 157.8 | 101 | 11.6 | 2.5 | 2.5 | 0.8 | 107 | 0.384 |
| 計 | 1,914.2 | 1,401.0 | 428.8 | 804 | 88.4 | 19.0 | 20.0 | 6.6 | 850 | ＊ |
| 平均 | 244.7 | 175.1 | 61.2 | 100.5 | 11.0 | 2.4 | 2.5 | 0.8 | 106.2 | 0.447 |

燃料使用量の値に計算不合箇所が散見されるが、平均値は合っているのでそのままにした。
礒田同上書、附録55頁、第二十五表より。

式の導入がそれである。

　その導入の謂われは急速な改善の進捗によって"対前年同月比"を用いた査定が意味をなさなくなったことにあった。そこで当座は単に"対前月比"を用いた査定がなされていたが、これでは精密な査定の根拠とはならなかった。そこで西成線48カ列車の調査によって得られた最少燃料消費率：単車運転0.308 ℓ/km、重連運転0.48 ℓ/km、回送運転0.217 ℓ/km を標準消費率と定め、更に入出庫、入換に要する消費量を織込んだ上で「仕業別ガソリン動車燃料標準使用量」（表4-9）を制定、これをベースに当月の気候条件を勘案し、前月データと比較査定する燃料消費量査定方式が導入された。

　作業標準を用いた"科学的管理法"導入に関して鉄道省は古い実績を誇ったが、宮原でもその伝統に恥じない合理精神が発揮されていた様子が窺われる。

(2) "温水張り込み"の廃止

　当時、どの使用分野を問わず、冬季にはウォーター・ジャケット内の冷却水凍結によるシリンダヘッド、シリンダブロックの破裂を防止する趣旨で停車後、冷却水を抜き去り、朝一番の仕業開始に先立ってジャケット内に湯を注入する"温水張り込み"を実施するよう奨励されていた[5]。

しかし、宮原の設備と人手をもってしては仕業に出る42000すべてと予備・検修車輛にそのような"温水張り込み"を十全には実行出来なかった。また、"張り込み"を行っても実施後の冷却水温度は10〜15℃程度にしかならなかった。

ところが、1939年、気温が最も低下する1月13日から24日までの間を選んで複数の42000を用いて実施された計測実験により、真冬の最終仕業終了後、外気温度が－3℃まで下がった条件下においても動車を機関庫に収容する際の冷却水温度を約50℃以上にしておけば、これを抜かず、6〜7時間放置しても翌朝の仕業開始時、11〜15℃程度の冷却水温度が保たれる事実が判明した。これによって湯沸し、"張り込み"に無駄なエネルギーと人手を消尽する愚挙が避けられた。

(3) 空車回送運転の一部廃止

1938（昭和13）年の10月以降、宮原所属の12両の42000型ガソリン動車の燃料消費量削減を目的として大阪〜宮原間の回送（帰庫）を一部省略し、始発列車用の4両を大阪駅に滞泊させる運用法が実施された。これによる直接の燃料節約高は1両1往復当り約12ℓ、4両分で50ℓ弱であった。更に1939年11月15日のダイヤ改正を機に更に2両を大阪駅に留置する措置が講じられ、1日当り約74ℓのガソリンが節約された。この措置を取れたのは"温水張り込み"は不要という日頃の実験データがあったればこそである。冷却水温度が10℃を割り込むと始動に困難を来たすため、大阪駅では看視乗務員が午後10時30分と午前2時30分に冷却水温度を測定し、実験データのグラフとつき合わせを行った。測定時に冷却水温度が20℃を割り込んでいた場合にはエンジンを始動し、実験データを元に割り出された時間、無負荷運転を行い、冷却水温度を規定温度まで再上昇させる措置が計画された。しかし、この措置は結局一度も発動されなかった。

### (4) 気化器オーバーフロー燃料の回収

エンジンを停止した際には吸気マニフォールド内の負圧減少により加速ポンプが作用し、前方気化器においては16両平均で3.5cc、後方気化器においては同じく3.0cc、動車1両平均で6.5ccの燃料が吐き出され、無益に溢出せしめられた。宮原の42000の仕業総数は10。1仕業当り平均始動回数は何もせずとも18回、両終端駅入構時のアイドル・カット運転を実施すればこれに32回の始動が加わり、中間駅入構前後のアイドル・カットまで実行した場合には1仕業当り平均始動回数は120回にも及ぶ。

1938年11月の実測によれば1仕業当り始動回数は最大176回、燃料溢出量は1,144ccに及び、最小でも30回、195ccを数えた。この日、1日121回の往復運転をなすために延べ1,206回の始動が行われ、7,787ccの燃料が捨てられていた。

この燃料の回収を図るため、宮原では銅製の漏斗と管を組合わせた燃料回収槽を開発し、保有する42000に装着していた。

### (5) 機関区備付け空気圧縮機による動車元空気だめへの充填

42000には41000で容量不足をかこった2気筒C-420型に替わる3気筒のC-600型空気圧縮機が採用されていた。しかし、42039を用いて1938年6月12日になされた元空気だめ充填実験によれば、圧力$0\,kg/cm^2$から始め、エンジンをアイドル運転し車載空気圧縮機を作動させることによってこれを$7\,kg/cm^2$まで到達させるには20分近い時間と1.8ℓ以上の燃料を要した。

1939年5月22日、42001を用い、元空気だめを車載空気圧縮機によって充填する場合と機関区据付の空気圧縮機をもってした場合との比較実験が実施された。その結果、平均して1.1ℓの燃料と7分48秒の充填時間の節約が計測された（表4-10）。

出庫車輛と予備車輛、計10両分として概ね11ℓ、検修のため機関区内を運転する車輛6両についても従前、$3.5\,kg/cm^2$程度までの充填に1両当り1.4ℓの

表 4-10　元空気だめ充填法の変更による燃料消費節減効果

| 項目\回数 | 動車で充填 | | | 据付圧縮機による充填 | | | 差 | |
|---|---|---|---|---|---|---|---|---|
| | 機関運転時間 分・秒 | 機関回転数 rpm. | 燃料消費量 ℓ | 機関運転時間 分・秒 | 機関回転数 rpm. | 燃料消費量 ℓ | 機関運転時間 分・秒 | 燃料消費量 ℓ |
| 1 | 17・00 | 360 | 3.00 | 9・15 | 360 | 1.40 | 7・15 | 1.60 |
| 2 | 17・46 | 300 | 1.92 | 11・24 | 300 | 1.20 | 6・22 | 0.72 |
| 3 | 18・38 | 300 | 2.00 | 9・25 | 300 | 1.00 | 9・13 | 1.00 |
| 平均 | 17・48 | 320 | 2.30 | 10・00 | 320 | 1.20 | 7・48 | 1.10 |

据付圧縮機による充填中も GMH17エンジンが回っているのは据付圧縮機による充填の場合、圧力が 6 kg/cm² までしか上がらぬため、車載圧縮機による追加充填とエンジン周りの様々な点検とが必要とされるためと推定される。
礒田同上書、附録69頁、第三十表。

燃料を費やしていたのが丸々浮いたことで8.4ℓ、都合、1日約19.4ℓの燃料が節約されたという。

　これら、現場の運転技術・運転支援技術面に係わる涙ぐましい努力によって節約された燃料の内、目に見えるモノを項目別に一覧すれば次のようになる。

| | |
|---|---|
| 折返し駅、空車回送におけるアイドル・カットによって | 約107.5 ℓ |
| 中間駅におけるアイドル・カットによって | 約162.5 ℓ |
| 運転操作技量の向上によって | 約90　ℓ |
| 2・3重連回送列車の1両附随車化によって | 約26　ℓ |
| 空車回送両数削減によって | 約9　ℓ |
| 気化器溢出燃料の回収によって | 約72　ℓ |
| 機関区据付圧縮機を用いた元空気だめ充填によって | 約19　ℓ |
| 1日当り合計 | 約486 ℓ |

　486ℓと言えば本節冒頭に述べた1939年1〜3月における西成線1日当り燃料消費量の約34％に相当する。これだけの燃料が見事に節約されて行った様子が図4-5に示されている。これを見れば1939年1〜3月（図では13年度の

図4-5 ガソリン動車燃料消費成績の推移

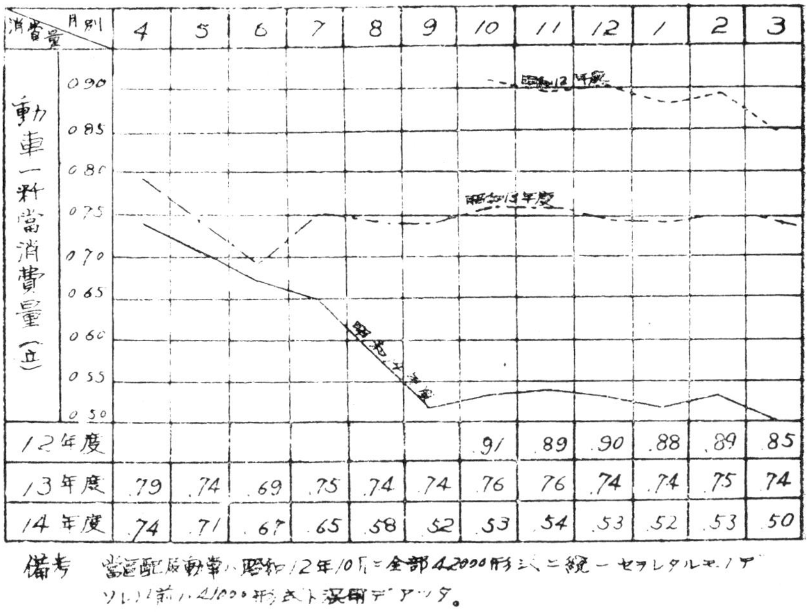

| 消費量\月別 | 4 | 5 | 6 | 7 | 8 | 9 | 10 | 11 | 12 | 1 | 2 | 3 |
|---|---|---|---|---|---|---|---|---|---|---|---|---|
| 12年度 | | | | | | | .91 | .89 | .90 | .88 | .89 | .85 |
| 13年度 | .79 | .74 | .69 | .75 | .74 | .74 | .76 | .76 | .74 | .74 | .75 | .74 |
| 14年度 | .74 | .71 | .67 | .65 | .58 | .52 | .53 | .54 | .53 | .52 | .53 | .50 |

備考　当配属動車ハ昭和12年10月ニ全部42000形式、二続一セフレタルモノアリ、以前ハ41000形式ト採用デアッタ。

礒田同上書、附録71頁、第三十図。

1、2、3月）レベルから14年9月にかけて、動車1km当り燃料消費率が0.75ℓ/km辺りから0.52ℓ/km辺りへと急激に改善された状況が看取される。

　42000自身の燃料タンクなら約1.2杯分に相当するこの486ℓはまた、"ゼロ戦"の落下増槽（胴体下の補助タンク）の約1.5本分とも表現出来る。この486ℓこそは準戦時体制下、現場の知恵と技術によって生み出されたまさしく"血の一滴"にほかならない[6]。

## 3．アルコール混用法の顛末

　アルコール（エタノール）混用とは石油節約のため、ガソリンにアルコールを混合、言わば水増しして使用する方法である。ディーゼル燃料の軽油に混合

する場合も見られたが、これは例外的措置であった。

元々、内燃機関にアルコールを供するという発想は19世紀のドイツでジャガイモがとれ過ぎた際、これをアルコール発酵させて貯蔵し、農産物価格の安定化と新進の技術であった内燃機関に地元で調達可能な燃料を手配する一挙両得的アイデアとして考案された。しかし、それが実現するほどの豊作が続くわけも無く、燃料の安定供給面に難ありとしてこのアイデアは没却された[7]。

しかし、第1次世界大戦下の欧州ではガソリンにアルコールを混入し、石油資源の節約を図る試みが再び脚光を浴び、第2次大戦へ向けて戦時体制構築を急いだわが国においても1919年着手の陸軍を先達としてアルコール混合ガソリンの研究が進められた。しかし、その実用化は1938年まで持ち越された。これには発酵材料となる農産物自給体制の不備ゆえ、原料（サツマイモ）の価格が高値に過ぎた、という日本的"手回しの悪さ"を象徴するかのような原因が伏在していたと伝えられる。このほか、アルコールは単体で、またはガソリン系とアルコール系と2つの燃料系を有する一種の多燃料エンジン用燃料の形でも試用されている[8]。

エタノールは昨今話題になるメタノールと比べ、水分の混入によってアルコールとガソリンとが分離する相分離を生じにくいが、それ自体に吸湿性がある点は同じで、水分の増大、温度の低下とともに相分離とこれによる運転不調の危険性は増す。また、混入率は高いほど相分離は起こりにくくなる[9]。

内燃機関の出力にとって問題となる低発熱量の点でエタノールはガソリンの3分の2程度である。その反面、エタノール分子（$C_2H_5OH$）自体に酸素が含まれていることによりエタノールの完全燃焼に必要とされる空気質量はガソリンの場合より少なくて済む。結果的にアルコール混合気の単位容積当り発熱量はガソリン混合気より若干低い程度となる。したがって内燃機関用燃料として単体アルコールを用いた場合、その気化潜熱の大きさゆえ低温始動に困難を来たすものの、混合燃料として使用されれば、一般には10～20％程度までのエタノール混入率においてはガソリン燃焼の場合と比べて性能の低下はそれほど目立たないとされていた。この「常識」のためか、アルコール混合燃料に対する

自動車メーカー研究開発の取り組みには熱意が欠け、まとまった研究成果も発表されなかったようである。但し諸外国での研究や日本のユーザーのもとでの実験結果は混合燃料の性質が条件次第であちこちに振れることを教えていた。

南満州鉄道ではフォードＢ型エンジン（圧縮比4.6）に自社開発の加熱式気化器を組み込み、含水アルコールを用いた台上試験を実施した。そのレポートによれば、ガソリン焚と比べた出力低下率は回転数上昇とともに目立ち５～11％を、燃料消費量は31.2～56.3％の増加を示した。吸気温度は80℃が最適値で、気温15℃においては始動不能となり、エチル・エーテルを10％混入することによりガソリン並みの始動性が得られた。加熱式気化器の最適化をなせば出力低下の幅は圧縮可能と推定された[10]。

これより先、鉄道省においてはアルコール精製過程の中間製品にエーテルを混入、エーテル混入率10％としたアルコールをガソリンに10％混合し、この混合燃料による実験を行ったところ、約10％の燃料消費率を見たという。但し栃木県塩原温泉辺りで省営大型バスとシボレー乗用車を用いてなされた実験その他においてはかかる結果の再現に失敗しており、研究は中断された[11]。

とかくする内、わが国における制度としてのアルコール混用は世界で15番目、1937年４月に「揮発油及アルコール混用法（法律第39号）」および「アルコール専売法」とともに始まった。しかし、民需用ガソリンすべてを対象にしようにも、エタノール生産が追いつかなかったため、1938年５月にはガソリン総量の25％に５％混入、９月には総量の25％に対して10％混入、1939年４月には50％に対して10％混入、下半期には対象を70％に拡大、1940年１月にはすべてのガソリンに10％、11月以降、15％混入、1941年にはこれを20％に引き上げ、という段階的方策が選ばれざるを得なかった[12]。

アルコール混用の制度化を承け、鉄道省においても混合燃料が使用された。しかし鉄道省々営自動車部門では混合燃料の相分離によほど手を焼いたためか、生産性に劣る高純度の混合用アルコールの精製という回り道を否とした卓見故にか、ストロンバーグ型の気化器１個にガソリン用フロート室・ジェットとアルコール用フロート室・ジェットを各１個併設し、両者の混合比率を任意の値

にほぼ保つ機能を有する改造気化器を用いて1940年5、6月、省営自動車による営業実験を行った。圧縮比はノーマルのままであった。車種については不明であるが、シリンダヘッドの削正により「之も行ふとしても、極めて低廉な費用で改装が出来る」とあるから、OHVのふそうではなく、SVのいすゞ、スミダ、ちよだの何れかであったか？　混合率は最低24%から最大36%で、出力、加速ともガソリン焚の場合とほぼ同様であったという[13]。

更に鉄道省では大井工場にてガソリン（アルコール10%混合）用ベンチュリーとアルコール用ベンチュリーをY字管内に併設し、エンジンの負荷を吸気マニフォールド負圧に反応するダイヤフラムによって検出→ガソリン側スロットルとアルコール側スロットルの開度を自動的に変化させる気化器（手動補正機構付き）を開発し、これをスミダR型やふそうB46型とともにC46級省営大型バスとして使用されていたちよだS型（6-110×120、6.85ℓ、$\varepsilon = 5.20$、60/2,000）に搭載、1940年6月から12月にかけて実験を行った。低負荷時にはアルコールの供給が増すためアルコール混入率は最大約95%、総平均でも約67%となり、著しいガソリン節約効果が発揮された。

続いてシリンダヘッド削正により圧縮比をノーマルの5.20から5.47、更に5.79へと向上させる実験が行われ、アルコール混合率を大とした場合に燃費向上が著しいことが確認された。また、自動混合比調整気化器を用いた一連の実験ではアルコール含水率がエンジン性能に及ぼす影響についての実験も並行して実施され、含水率50%のアルコールでもガソリン併用運転に十分供し得る事実が明らかにされた[14]。

省営自動車のこの技術が練成され広く共有されておれば、戦時下日本の自動車燃料事情にあるいは曙光が差していたかもしれない。実際、アルコール増産は思いのほかの進捗を示した。新設の商工省燃料局が推進したのは何の知恵も無く、評判も悪い混合策であったが、それでも1940年1月には15%混入の前倒し実施に至った。またその余勢を駆ってアルコール単体を自動車用燃料として使用する実験まで蒸し返され、1942年2月より全国7府県で単体アルコールがトラック用燃料として使用される運びに及んだ。

しかし、戦線の急拡大は医療用アルコール需要を激増させた。これによってその立脚点を奪われた「アルコール混用法」は1943年、あえなくも廃止に至った。

鉄道省のガソリン動車におけるアルコールの試用は省営自動車における実験の進捗に影響を受け、その後を追ったようである。更にGMF13で単体の含水アルコールを焚く実験も行われており、ガソリン焚の90％前後の出力が確認されている[15]。

とは言え、アルコールの日常的使用は「アルコール混用法」の施行とともに混合燃料を用いるという形で否応なしに始めさせられていたと思われる。鉄道省運輸局運転第一課編纂の前掲『機関車及気動車乗務員教養資料』は1942年5月の発行だけに未だ混合燃料についての記載が残っており、これについて、

　　　揮発油ハ……ガソリン動車ニ一般ニ使用セラレ最近ハアルコールヲ20％混合シタモノガ使用セラレテ居ルガ之レハ燃料油第二種第三号ノ企画ト同一ノモノデアルガ発熱量ハ大体10500キロカロリ／瓩デアル（389頁）。

との解説がなされている。

また、アルコールの性質および単体使用についても、「アルコールハガソリン動車ノ代用燃料トシ近時単独又ハ揮発油ト混用セラレ、又、ヂーゼル動車ニ軽油ト混合使用セラル」と前置きした上で、

　　　吸湿性大ニシテ水分多キモノハ揮発油ニ溶解シ難ク普通純度99％（水分1％ヲ意味ス）以上ノモノヲ無水アルコールト称シ95％程度ノモノヲ含水アルコールト称ス。

　　　アルコールノ水分ヲ含有スルト金属ヲ腐食ヲ腐食セシメル。揮発油ニ混用セシメタル場合ハ圧縮比ヲ高メ得ル利益ガアル。

　　　沸点78～80℃、引火点10～16℃、発熱量7000キロカロリ／瓩デアル（390頁）。

と述べている。

　圧縮比の規定要因たるオクタン価については、

　　　ガソリン機関ノ燃料トシテハ揮発油ハ一般ニオクタン価大ナルモノガ良
　　イ。普通揮発油ハオクタン価60程度デアルガアルコールハオクタン価ガコ
　　レヨリ遥カニ高イタメアルコール混合揮発油ハオクタン価ヲ高メ得ル利益
　　ガアル。普通ノ揮発油ニアルコール20％混入スレバオクタン価約70トナ
　　ル（407頁）。

とある[16]。

　しかしこの相対的に高いオクタン価を活かすために不可欠である圧縮比増加改造は「アルコール混用法」の腰砕け的末路から察するに、とてもガソリン動車運用現場にまでは及んでいなかったであろう。

　金属に対する腐食性について付言すればエタノールのそれはメタノールの場合に比して軽微であり、低度の混入率では既往の部品を加修する必要は認められなかった。しかしこと水分については様相が大いに異なっていた。曰く、

　　　例ヘバ分離セザル水ノ許容含有量ハ10％アルコール混合揮発油ニテハ
　　0℃ニ於テ0.25％、20℃ニ於テハ0.35％デアル、又20％混合ノモノハ0℃
　　ニ於テ0.59％デアル。故ニ分離防止対策ハ次ノ如クデアル。
　　(1) 含有水分可及的少ナキモノヲ選定シ取扱、貯蔵等ノ際湿気多キ所ヲ避
　　　　ケ雨水、蒸気、其ノ他水分ノ浸入ヲ避ケルコト。
　　(2) アルコール混合割合多キモノヲ使用スルコト。
　　(3) 少量ノベンゾール又ハエーテルヲ加ヘル時ハ安定度ヲ著シク増加スル
　　　　（392頁）。

　ガソリン動車の運用者など、隣でSLに威勢よくドレインでも切られた日に

は気の滅入る思いがしたのではなかろうか？　また、いくら実験データに基づくとは言え、"ナニガシかの添加剤を加えれば……"などという口上は昨今のディーゼル排気対策についての決まり文句めいていささか白ける。ここではそんなゴタクなど聞き捨てておけば良い。最大の問題は吸湿性と相分離にあった。この厄介な性質を有するアルコール混合燃料押し付け政策が使用現場に余分な手間暇、トラブルのタネを提供したであろうことは以上の実験レポート紹介とこの解説だけからも想像に難くない。しかもわが国の政策がサツマイモの増産ペースに対する配慮から混合率を漸増させていくスタイルを採ったとあらば、使用現場の混乱はなおさら加重されたと知れよう。

　その苦労の一端をわが宮原機関区におけるアルコール混用運転実績と不具合対策に尋ねてみる。上述のとおり西成線の動車運用に際して宮原機関区では高加速＋アイドル・カット運転によって燃料節約が可能であることが実証されていた。またこの事実を踏まえ、標準運転方案も確立されていた。

　1939年10月9、10の両日、この運転法を更に一歩推し進め、運転時間そのものの短縮を実行に移した場合、燃料消費にいかなる影響が現われるかについての比較研究が実施された。この時に試供された燃料はアルコール（恐らく10％）混合ガソリンおよび単体ガソリンであった。実験目的に即して言えば、運転時分そのものを短縮するような運転法は力行時分を延長することによってアイドル・カットが活かされるべき惰走時間を奪ってしまう結果、燃料消費量の著増を招くというごく当り前の事実が判明した。それゆえ主要な結論は"このような運転は「絶対避け」るべきである"というありきたりの内容に落ち着いた。

　しかし、試供燃料が二様であったため、この試みはアルコール混合ガソリンと単体ガソリンの運転特性を明らかにした実験としての意義ゆえに、かえって歴史の評価に耐え得るものとなった。表4-11はこの実験結果の総括である。

　御覧のように同一走行パターンにおける走行1km当り燃料消費量に関して混合燃料は単体ガソリンとほぼ同等、むしろ軽負荷時にはやや優る成績を示しているが、所定時間モードから短縮短縮モードへの切替えに伴う燃費悪化が顕

表 4-11 運転時間短縮と燃料消費量（西成線 1 往復　アルコール混合燃料 vs 単体ガソリン）

| 運転方法 | 所定運転時間に近い運転 | | 時間を短縮した運転 | |
|---|---|---|---|---|
| 使用燃料 | 混合燃料 | ガソリン | 混合燃料 | ガソリン |
| 項目　　　　　　種別 | a | b | c | d |
| 運転時間　　分・秒 | 29-21 | 29-35 | 24-29 | 24-39 |
| 早着時間　　分・秒 | 00-09 | 00-05 | 05-01 | 04-51 |
| 力行運転時間　分・秒 | 10-28 | 10-59 | 13-445* | 13-56 |
| 力行時間　a、bを100とした場合の指数 | 100 | | 121.3 | |
| | | 100 | | 126.9 |
| 平均速度　km/h | 33.11 | 32.85 | 39.70 | 39.43 |
| 平均速度　a、bを100とした場合の指数 | 100 | | 119.90 | |
| | | 100 | | 120.00 |
| 燃料消費率　ℓ/km | 0.357 | 0.370 | 0.524 | 0.524 |
| 燃料消費率a、bを100とした場合の指数 | 100 | | 146.77 | |
| | | 100 | | 141.62 |
| 燃料消費率　cc/t・km | 12.115 | 12.507 | 17.845 | 18.025 |
| 燃料消費率a、bを100とした場合の指数 | 100 | | 147.29 | |
| | | 100 | | 144.11 |

*はママ。a、bの値は7往復の平均値。c、dの値は1往復のみでの値。機関士はすべて同一人物。礒田同上書、附録47頁、第二十一表。

著であった。トン・キロ当たり燃料消費量においても傾向は同じであったがモード変更による混合燃料の燃費悪化はよりはっきりと現われている。要するに、エンジンの負荷率上昇による燃費増大は混合燃料の方に強く現象している。

なお、アルコール混合ガソリン固有の問題としては混合燃料が分離し、比重の大きいアルコールが燃料系の低い部位に滞留することによって始動困難を惹起する現象が挙げられる。とりわけ上述の通りキハ42000のポンプ式燃料供給系においては配管内の掃除が大仕事であった。こうした事情のため燃料タンクにはアルコールを分離させない、あるいは分離アルコールを溢出させない備えが是非とも欲しくなる。

実は、前掲図 3-9 の右端、燃料タンクの底部から65mm 立ち上がっている

管は400ℓの混合燃料に10％混合されていたアルコールのすべてが分離したとしても、その境界面の上からガソリンを吸い込めるようにとこの高さを与えられた宮原機関区独自の考案物であった。この管、その謂われを知った上で眺めれば、ガソリン動車という厄介極まる居候に加え、銃後の定めとは言えアルコール混合燃料などという難物まで押し付けられた現場が密かに突き上げた一寸法師の剣に見えなくもあるまい。現場としてはこういった挙に出てまでも安全確実な運行条件を確保するほかなかったわけである。


注
（１）　航空技術の自動車転換を語るに際し、忘れられてはならない技術にタコグラフがある。これは1960年代初期に実用化の緒についた航空機用フライト・レコーダの自動車版で、自動車の速度、走行距離、走行時間、停止時間などを回転する円形記録紙に自動記録する時計仕掛けの運行管理計器である。それは元逓信省・運輸省技官として民間機ならびに民間機用航空発動機の耐空証明発給に自ら手を下された故・宮本晃男氏が自動車局時代、"開発途上にある航空機運行管理の考え方は自動車運行管理および自動車交通の安全性向上にも応用されるべきである"、と矢崎総業㈱に進言されたことから開発され、1962年より一部大型車への搭載義務付けが始まった計器である。

　　　その後、タコグラフはエンジンの回転数（したがってギヤ・ポジション）をも記録するレボタコグラフへ進化し、更に現在ではアクセル開度など、運転操作全般を含む運行情報を時系列的に記録するデジタル・タコグラフが登場している。山本峰雄他前掲『自動車ハンドブック』321〜322頁のほか、矢崎総業㈱のHP参照。

　　　先のJR西日本、福知山線における転覆事故を契機に、国土交通省は鉄道車輛運行管理に同様の装置搭載義務化の検討に入った（『朝日新聞』大阪版、2005年５月16日、夕刊）。

（２）　この項に言う"ノッキング"現象については素直に飲み込めぬが、再三引用する運転局第一運転課『教養資料』によれば、「極ク急速ニ加減弁開度ヲ増加セシムルノハノッキング等ヲ起シ不経済トナルカラ、機関ノ調子良好ナル範囲内ニ於テ可及的速カニ加速スル云云」とある。燃料性状や冷却水温度等にもよろうが、GMF/GMHはスロットル開度を上げ、圧縮圧力を高めた場合、ノッキングを生じやすい特性のエンジンであったと解するしかないであろう（373頁）。

（3） 戦前の史料には当れなかったが、ブザー合図について名古屋鉄道局『昭和二十二年八月一日改正　機関車内燃動車乗務員執務要綱』「第四節　内燃動車の運転」第四十六条は次のように定めている。
　　　重連運転の場合における取扱いは、次の各号により、相互調和を保って運転するものとする。
　　　一　機関士相互間における場合は、ブザーによるを本旨とするが、已むを得ない場合は、汽笛を代用し、同一合図で応答すること。
　　　三　変速機を取り扱う場合、前頭機関士は、ブザーで所定合図をした後これを取り扱い、次位機関士は、該合図により直ちにこれを取り扱い、応答合図が終つた後、機関士は力行運転に移ること。
　　　七　機関士相互間におけるブザー合図の方式は、別に定める汽笛方式による外、次の特殊合図によること。
　　　　　1　変速機を取り扱うとき　　　　　適度一声。

　　なお、「第六節　合図」によれば汽笛には短急、適度、長緩の別があり、それぞれ4分の1秒、1～2秒、4～5秒と規定されていた。
（4）　この数字が表の右端列の合計（26.29ℓ）と合わないのは西回り宮原行き重連回送列車が1771ᴸ以外にもう一本あったため、この区間での節約量が3.57×2＝7.14ℓとなるためである。
（5）　鉄道省関係では運輸局第一運転課前掲『機関車及気動車乗務員教養資料』に次のような物々しい措置が推奨されている。
　　　寒冷時ニ潤滑油ノ温度低ク粘度高ク機関ノ内部抵抗大ニテ機関始動ニ際シテ回転出ズ加フルニ揮発油ノ気化状態不良デ起動ハ仲々困難デアル。依ツテ機関ニ温水ヲ張リ込ミ或ハ電熱器等ヲ用イテ潤滑油ヲ温メ機関ノ内部抵抗ヲ極力小ナラシメル。
　　　コノ時温水ガ忽チ冷却セラレル故冷却セル水ハ排出シツツ、温水ヲ補給シシリンダ附近ノ温マルノヲ待ツテ起動ヲ試ミル要ガアル（367頁）。
　　電熱器云々は日本の消防車や北欧の乗用車で普通に行われている措置である。
（6）　それから半世紀近く経過した国鉄最末期、稲沢機関区の技術者たちはDD51型ディーゼル機関車の燃料消費節減のため、かつての宮原のスタッフたちと同じように、停止中のアイドル・ストップや牽引定数の2分の1以下の軽負荷仕業時における片エンジン停止、同2分の1以上の場合における惰行運転時の片エンジン・アイドル・カットなどを導入し、顕著な実績を挙げ、「第46回運転業研　総裁賞」を受賞している（『電気車の科学』Vol. 39　No1. 6、1986年6月、36～40

第4章　燃料節減への努力　131

　頁、参照）。いつの時代にあっても逆境に屈することなく続けられてきた現場技術者たちの不断の努力に深甚の敬意を表したい。

（7）　初期内燃機関史のかかるひとコマについても『ディーゼル技術史の曲りかど』第1章参照。

（8）　以下、この辺りの叙述は清水甲三『自動車及各種代燃車』山海堂、1936年（再版［改訂版と思われる］1947年）、163～168頁、尾崎正久『自動車日本史（上）』自研社、1955年、666～671頁、松本熊吉「戦時中の代燃車政策」（自動車工業振興会・自動車史料シリーズ (3)『日本自動車工業史行政記録集』1979年、所収）、中村幸男『代燃車苦難時代の素描』自動車工業新聞社、1981年、111～134頁による。

（9）　航空発動機における離昇出力増強策としての「水・メタノール噴射」で知られるメタノールは相分離と後述される金属腐食性および量産技術面の制約ゆえに戦前戦時期、自動車燃料としてそれほど注目されなかった。しかし、一部では実用に供され、いすゞでは各種試験が行われた。戦後早い時期、いすゞでは粗製、精製、含水メタノールが台上および実車試験に供され、その結果が公表されている（土屋・岡「TX80型トラックに対するメタノール試験報告」『いすゞ技報』第7号、1950年2月）。内燃機関用燃料としての含水メタノールの性質については金子靖雄『内燃機関基礎工学』山海堂、1997年、68～73、135～146頁に詳しい。

（10）　岡剛・米田満麗・道満馨・岡本輔『鉄研式アルコール自動車ニ就テ（第二報）』満鉄鉄道総局鉄道技術研究所内燃機関部門、1942年11月、参照。第一、二報は加熱式気化器に関する内容らしいが未見。

（11）　清水前掲『自動車及各種代燃車』359～361頁参照。

（12）　重ねて注意を喚起しておくが、これは経済原則に則った政策ではなく、狙いはひたすら石油資源の節約、航空発動機用ガソリンの確保であった。築山閏二はその著書、『自動車工学』（山海堂、改訂増補初版1940年）の本文79頁、附録41頁に自動車用エネルギー源の経済性比較を掲げている。そこに掲げられた数値はガソリン（17銭/ℓ）を1として、軽油0.53、木炭1.22、薪0.94、天然ガス0.72、都市ガス0.72、アセチレンガス1.7、電気0.57に対してアルコールは実に15.5という桁違いの高値であった。この構図は今般$CO_2$排出削減策として経済産業省が打ち出したガソリンへのエタノール（ETBE化）添加の場合と基本的に同じである（『朝日新聞』2005年7月19日、参照）。

（13）　清水同上書361～363頁参照。

（14）　清水同上書363～371頁参照。

（15）　中村良蔵「時局下の内燃動車」（内燃機関編輯部『昭和十七年版　内燃機関技術

大観』山海堂、1941年、所収）参照。
(16)　現在、自動車用ガソリンのオクタン価を評価する際に用いられているリサーチ法と称する試験法は戦後普及したもので、航空用をはじめ往時、ガソリンのオクタン価はモーター法によって計測されていた。モーター法にもバリエーションがあるものの、何れも測定値はリサーチ法より低く出る。したがって60だ70だといっても、現在のそれとは異なる基準での数値である。オクタン価にからむ内燃機関技術史話については山岡茂樹『開放中国のクルマたち』日本経済評論社、1996年、77〜84、113〜114頁参照。

## 第5章　産業戦士192名、殉職す
　　　——惨事は起こるべくして起こった


### 1．事故の概況

　これまでに出版された鉄道事故に係わる書物の中でも本邦鉄道史上未曾有の大惨事、西成線安治川口駅構内におけるキハ42000型ガソリン動車の脱線転覆・炎上事故に触れた比較的新しく、ポピュラーな文献は次の2点しかない。
・佐々木冨泰・網谷りょういち『事故の鉄道史』日本経済評論社、1993年、183〜202、206〜208頁。
・久保田博『鉄道重大事故の歴史』グランプリ出版、2000年、65〜66頁。
　この二つの文献、とりわけ後者と比較して前者は本件に割かれた記述と提示された参考文献のボリュームに比例して以下の叙述の参考になった。久保田の著書は「正伝」と言うほどにも足らぬ運転局保安課『国有鉄道重大運転事故記録　自　明治5年度　至　昭和55年度』(刊行年不詳)における106頁ただ1頁の記述内容を更に薄めたもので、感心出来ない。読者が両書における記述と本書のそれとを対照し、技術的に興味深い相違点を発見されるであろうことを期待する。
　以下、事故の概況、事故の原因、安全対策の順に概観を試みる[1]。
　まずダイヤと列車番号について。偶然のめぐり合わせであろうが、大阪駅の高架化を目前に控えた1934(昭和9)年12月1日の改正から1940(同15)年10月10日の改正までの間に、全国レベルで次の2回の時刻改正があった。
　　① 1937(昭和12)年7月1日：東海道・山陽本線(特急"鷗"の登場など)

②　1939（昭和14）年11月15日：全国規模（日中間の軍需輸送に対応）

　因みに前者は丹那トンネル開通によるもの、後者は軍需輸送に対応させるためで、半島・大陸との連絡を重視したものであった(2)。

　事故の報道内容と合致するのは上記②を経た「昭和15年版」時刻表の1611レである（時に報道され、引用される1161レは誤り）。同列車は1934（昭和9）年度にはまだ蒸気列車で、時間帯も異なっていたからである。「昭和15年版」時刻表における西成線列車ダイヤには「八月一日訂補」とあり、この日付は1940年1月29日という事故の日付より後になるが、時刻表としてはこれ以外に無く、列車番号もラッシュ時10分という運転間隔も同じなので、当該列車の定時発着時分については以下、可能な限りこれに掲げられたモノを使用する。

　1940年1月29日月曜日、午前6時40分、西成線1611レは大阪駅を定刻出発した。先頭からキハ42057＋42012＋42056の3重連編成列車は1両に定員125名の3倍「近い」300余人を乗せた超過密常態での発車であった(3)。これを駆る機関士はそれぞれ堀田寛、鷹居兼夫、藤原安吉。42056に乗り組む車掌は大味彦太郎。

　すでに述べたとおり、実験においてその効果を認められてはいたものの、駅間距離の短い西成線においてはブザーによる変速操作の同調は煩雑かつ時間を食い過ぎるので機関士に過重負担となるため、導入されず、前掲「西成線標準運転線図」に準拠した協調運転が実施されていた。

　1611レは先頭車のタイフォーンとこれに応える2両のタイフォーンを合図にホームを離れ、25mほど進み、約12km/h、エンジン回転数1,200rpm.に達した辺りで一斉に2速へシフトアップ、続いて約22km/h、約1,300rpm.に達したところで3速シフトアップを行ったことであろう。大阪駅から600mは水平直線区間、そこから先は最大25‰の下り直線区間となるため、速度が33km/hに達してからはシフトアップすることもなく、列車はアイドル・カット運転で道なりに減速し加速する。速度は一瞬35km/hに達するが、ここからはブレーキを操作して減速、全長僅か1kmほどの単線区間に2分30秒をかけて福島駅に到着したはずである。

正常なら30秒の停車の後、福島発は6時43分。しかし、この辺りから乗降に時間を要し、遅れが生じ始めたかもしれない。福島から安治川口までは複線区間となる。この内、福島〜野田間は水平区間と上り緩勾配区間が続く。出発後約36km/h、3速1,200rpm.に達した列車はこの日初めて4速にシフト、そのまま徐々に加速し、一瞬52km/h、約1,000rpm.に達するが、行程の約4割を過ぎたこの辺りで直ちにアイドル・カット、1.5kmほどの区間に単線区間の所用時分に合せた2分30秒をかけて野田駅に滑り込んだことであろう。

　こんな真冬の早朝にこう度々アイドル・カットされては、ただでさえ蒸機列車と比べて暖房の効かぬガソリン動車列車の暖房はサッパリだったであろう。超満員を通り越したようなすし詰め列車ならまだしも、閑散時間帯の乗客たちは堪らない思いをしたはずである。もっとも、そんな不平を大っぴらに言えるご時勢ではなかったけれど。

　野田発車は定刻なら6時46分。しかし遅れはさらに累積していたであろう。この野田〜西九条間も1km余りの短小区間でギヤは3速までしか使えない。10‰のアップダウンがあり、後半の300mほどは下りであるから、アイドル・カットして西九条駅に到着する。最大速度は僅か3速、約1,100rpm.の32km/hで、所要時間はやはり2分半。

　西九条発車は定時であれば6時59分。但し列車はこの日も安治川口に3分半遅れで到着の見込みとなっていた。西九条を出た1611ᴸ列車は西成線の最長区間に入る。と言ってもその距離は僅か2.4kmほどである。この区間では3速で1,400rpm. 42km/h辺りまで十分引っ張って4速にシフト、なおも緩加速を続けつつ六軒屋川を渡った辺りで最高速度である53km/hに達する。この時のエンジン回転数はしかし、約1,000rpm.に過ぎない。ここで早くもアイドル・カット。ごく緩いアップダウンをそのまま惰力走行して第9号ロ、第10号イ、第11号イとポイントを3つ越えれば安治川口。西九条発車後、3分30秒での下り本線ホーム入線となるはずであった。

　安治川口駅進入は6時55分を30秒ほど回ったころ。アイドル・カット運転からブレーキ操作に入った1611ᴸは安治川口駅ホーム目指して更に徐行、第9号

ロ、第10号イの両ポイントを通過した列車は続いてプラットホーム手前160mの第11イ号ポイントにさしかかる。

しかしこの日は先頭の42057と42012が通過し、最後尾42056の前部台車まではポイントを通過、下り本線にそのまま進入したにもかかわらず、後部台車は南隣の１番側線に転轍されてしまった。前部台車を下り本線上に、後部台車を南側の１番側線上に載せた（２線に跨った）「ノ」の字状態で約60mの直線線路上を斜行した42056はホーム手前、島屋町踏切を15m越え第２、第３詰所（転轍手小屋）を通過後、６時56分、停車寸前ついに大音響を発して分離脱線、左傾してそのまま転覆した。

この時、先頭車は安治川口駅ホームに差し掛かっており速度は極低速。定員の３倍になんなんとする乗客を乗せていなければ転覆を免れたかも知れぬ42056は左転後、一瞬の内にエンジンより出火。この火が３mm鋼板製ガソリンタンクの損傷箇所より流出したガソリンに引火、炎上。折からの乾き切った季節風に煽られ、約５分後には車輌全体が劫火に包まれた（生存者［川崎岩吉汽車会社］の談話）。

事故発生と同時に鉄道省職員のほか、大阪府特別警官隊、大阪憲兵隊隊員、朝日橋警察署員、朝日橋消防署員に加え、前部２両に乗車していた乗客、その勤務先である住金、汽車会社、大阪鉄工所の人々、付近警防団・青年団員、国防婦人会メンバーが消火、救援に奔走した。42000は41000より長くなった車体の剛性を維持するため、屋根が従前の屋根布張りから鋼板屋根に変更されていた。このため、横倒しになった車輌からの遺体搬出および生存者救出には住友から提供されたアセチレン・トーチで屋根を溶断しなければならなかった。

乗客300余名中、153名は即死。その多くは、時の所謂"産業戦士"たちであった。勤務先が比較的早く判明した死亡者をその勤務先別に集計すると次のようになり、軍需工場の被った打撃のほどが知れる[4]。

住友系　　　96名　住友金属伸銅所29、住友金属プロペラ製造所42、住友篤信学校5、住友製鋼所6、住友電線3、住友青年学

校13、
大阪鉄工所　14名
汽車会社　　56名
三菱倉庫　　 1名（女性）

　一方、怪我人は秋澤病院、末岡病院、住友病院、首藤病院、北浜松岡病院、鉄道病院に搬送されたが、重傷者78名中、23名がこの日、病院収容後に死亡、その中には乗客救出に尽力し重火傷を負い、29日午後9時20分、住友病院で逝去した大味車掌の名もあった。死者の数はその後も小刻みに増加していくが、翌年1月29日、専修寺にて執り行われた一周忌法要においては死亡者総数192名と取り扱われている。

　家族控所として汽車会社内の安心倶楽部が提供され、遺体安置所として安治川口駅構内にテントが張られた。11時、大阪地方検事局より検視官が到着、検視終了後、遺体は午後に此花区秀野町専修寺に安置された。

　大阪鉄道局は市内の葬儀屋から棺おけを調達しようとしたが、132個しか集まらず、京都から22個、神戸から18個、西宮から5個の棺おけが急遽かき集められたものの、なお不足する分は工場の木工部門から調達されねばならなかった。

　また、31日午前零時30分、大阪市東成区猪飼野火葬場より出火、原因はガソリン動車事故による繁忙のために生じたカマの過熱であった。

　この大惨事のため、西成線は上りが約50分、下りが約30分不通となった。しかし時局柄、復旧は急を要したため、早くも7時54分安治川口発大阪行き、7時25分大阪発桜島行きより折返し運転が開始された。一方、事故車撤去のため、汽車会社より大型クレーン3基が出動し、工夫数百名を投入した作業が進められた。その結果、西成線は事故発生から僅か5時間後の12時5分に全通、30分には大阪行き臨時列車が発車した。42056はしばし構内に留置されたが、程なくこの度のJR西日本、福知山線事故車輌と同様、吹田工場に搬入され、後日検証に供された。

## 2. 事故の直接的要因

(1) なぜ後部台車は第1側線に進入したのか？

　事故の新聞報道第一報には「突然脱線、大音響とともに左へ横倒しとなって転覆、ガソリンに引火⋯⋯」という表現と、「前部車輪が下り線を走ってゐるのに後部車輪が第十一ポイントの箇所から南側の側線に入ったまゝ車体が両線にまたがって、そこから転覆した地点まで約七十五米走ってゐる」、「車輪はその[転覆の]直前まで脱線してゐないことは枕木に損傷の跡が見られない点から想像される」という指摘が見られる。この状況の解明を巡る大阪地方検事局の調査は第11イ号ポイント切り替わりの原因究明に終始した。

　これとは別に、大鉄局、大阪府警察部、工場課、交通課も調査を行っており、転轍機誤作動の原因としてポイント切替えミスのほか、ポイントの異常作動、「各車自走」による脱線（交通課）も疑われた。最後のものは運転に協調が欠け、ギクシャクしたためにポイントを乗り越えてしまい脱線に至った、という見方らしい。これはしかし、自動ブレーキの作動様式や当時実施されていたアイドル・カット運転に対する無理解、端的に言えばガソリン動車の3重連運転を自動車の3台連結並みのモノと誤認したことによる謬見である。

　結局、1611ﾚの遅れのため、同列車通過5分後に下り本線より側線1号線へ入線予定で、本来、大阪～安治川口間を直通運転するはずの蒸機運転6001臨時列車が西九条駅待機中となったために焦りを感じていた信号掛が1611ﾚの通過後に切替えるべき11イ号ポイントを同列車最後尾42056の通過中に通過完了と誤認、切り替えてしまったことが判明、これが転轍機誤操作の原因と断定された。

　主要幹線各駅のポイントは列車通過後にしか切り替えボタンが働かない自動電気式になっていたが、西成線のそれはすべて機械式（手動）で、この種の安全装置ないしバックアップ・システムは無く、列車通過確認は転轍手の注意力

第 5 章　産業戦士192名、殉職す　139

だけに委ねられていた（『大阪朝日新聞』1940年 2 月 3 日朝刊）。

### (2)　脱線転覆に至る経緯

　第一報は「車体にはシャフト、スプリング、スポークその他に何ら故障を認めず……」と述べていた。「シャフト」は車軸の謂いである。この脱線転覆は当初から足回りの損傷を契機とするそれではなかったと見られていた。

　新聞報道が一向に要領を得ず理解し難いのだが、そこで語られた朝日橋警察署の調査では42012（中間車輛）により跳ね上げられた島屋踏切の敷石に42056の（恐らく）前部台車車輪が乗り上げたことで連結器の分離を生じ、同時に車輛は左傾、左側車輪だけで暫時レール上を走行の後、脱線転覆というシナリオが描き出されていた。その推定根拠は右側車輪による枕木の損傷痕が見られないことにあったらしいが、回りくどい上に肝心の敷石跳ね上げの原因については何も報道されていない。そもそもポイント通過後、下り本線と第 1 側線との間隔は徐々に広がっていくのであるから、連結器は放っておいても外れたワケである。

　一方、大阪地方検事局の調査は当初から脱線転覆の原因について、転轍誤操作によって生じた股割き状態と超満員の過荷重によるもの、とみなしていた。自然な見方である。前方に位置した動台車は軸重が大きいためか最終局面まで脱線しなかった。他方、第 1 側線に進入した後部、附随台車の右側車輪はしばし軌条に横圧をかけ続け、第 1 側線の軌道を本線寄りに湾曲させつつ前進を続けたが、島屋踏切の手前でついに軌間の拡大を生じ、進行方向左側車輪が軌条内側、本線寄りに脱輪した。左側車輪は枕木 6 本に圧痕を刻みつつ転動し、踏切手前の 2 本を圧壊、その直後、踏切の敷石に激突した。これを契機に車体は左傾を強め、ついに転覆へと至った。右側車輪は脱線せぬまま転覆のため浮き上がっていった。これが 2 月19日、大阪地方裁判所予審判事大野一雄らによってなされた検証によってあぶり出されたこの事故のシナリオである[5]。

図 5 − 1 事故現場の線路状況

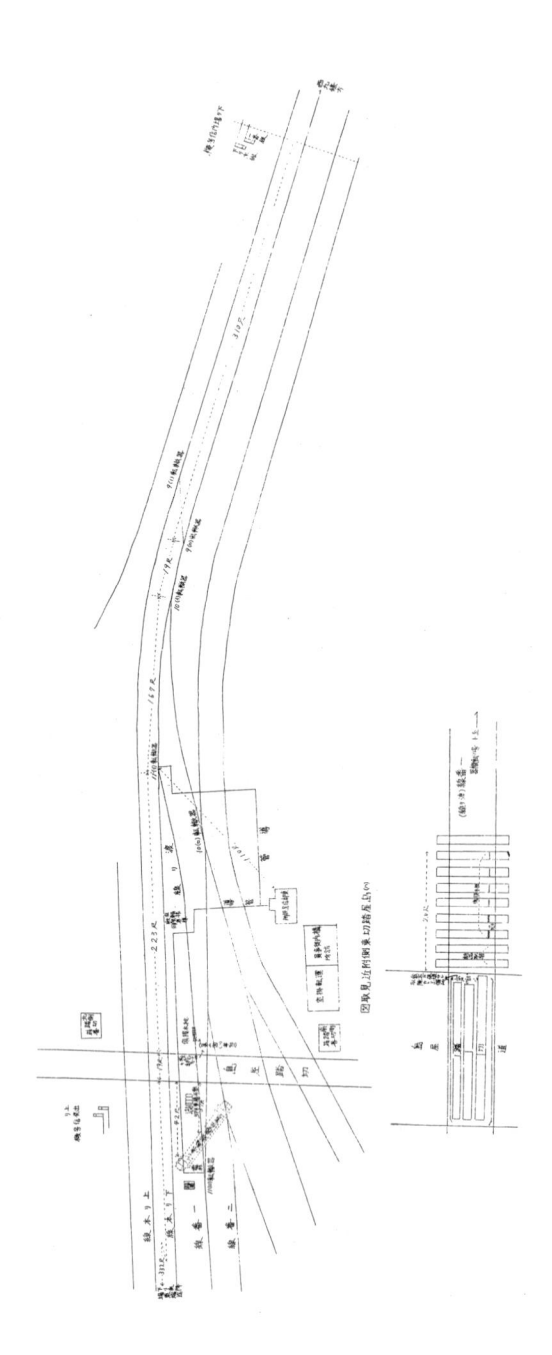

裁判所書記官研修所『検証調書の研究(刑事編)』第一図より。検証は事故発生・復旧の20日以上後に行われたため、湾曲した第1側線北側軌条や圧壊された踏切手前の枕木2本は常態に復旧されている。

(3) ガソリンタンクになぜ損傷が生じたのか？

　西成線の動車実動数は９両であった。これはラッシュ時には３重連３編成を意味する。1938年10月のデータであるが、仕業開始は５時51分。この時点で大阪、安治川口両駅から第１、２編成による上下始発列車が発車し、12分後の６時03分、第３編成による下り二番列車が出発した。福島から先は安治川口まで複線であったから、列車間隔が10分になっていてもすれ違いは可能である。こうして３重連３編成で10分間隔の列車の遣り繰りがなされていた。したがって６時40分大阪発の下り1611ᴸは大阪始発１番列車の第１編成が２往復目に入った列車に当る。まだタンクには390ℓほどのガソリンが入っていた勘定である。

　宮原～大阪間の回送は東または西回りで行われるが、経路いかんで車輛の頭の向きは入れ替わらない。42056は大阪側に頭を向け、安治川口に逆行運転で進んでいた。したがって事故当時、この390ℓ入りガソリンタンクは進行方向に向かって右に来ていた。それゆえ車輛の左側転覆によってタンクは上になった。

　では、転覆して上になったタンクになぜ損傷が発生したのであろうか？　この事故、言葉にすれば脱線転覆、被害も凄惨を極めたが、車輛の物理的運動としては207系電車が115km/hで300Rの曲線に突っ込み、曲がり切れずに横転しつつ軌道を逸脱、沿線建造物に激突し、死者107名を数えたJR西日本、福知山線、尼崎駅北の事故（2005年４月25日）とは全く対照的で、42056は極低速から単にゴロリと転がっただけである。この程度の「はずみ」や「衝撃」で３mm鋼板製タンクの、しかも構造物として丈夫なはずの、上になった方のカド部分が損傷するとは考えられない。損傷などして貰っては言語道断である。また、一部に流布された「爆発」したなどという表現は嘘八百である[6]。

　30日付『大阪毎日新聞』には「解き難い謎」などと表現されているが、このガソリンタンク損壊の真因は前後台車の行き別れに伴う動台車の心皿周りの回転により生じた軸系の破壊と艤装技術上の脆弱性との重層にあった。例えば最終局面一歩手前の42056のように車体が軌道と45°の角度をなしてしまった場合、

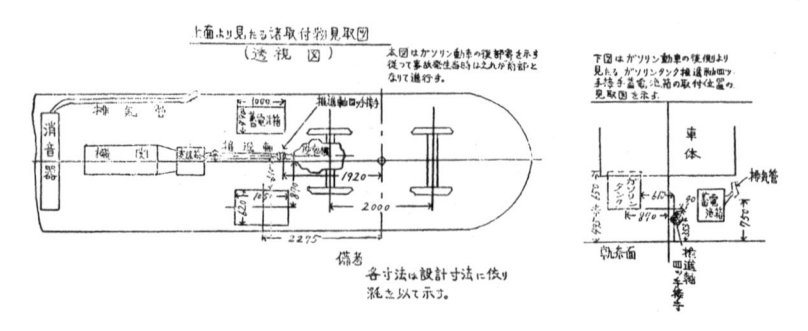

図 5-2　キハ42000における床下後部機器配置

裁判所書記官研修所『検証調書の研究（刑事編）』より（「ガソリンタンク附近略図」図番なし）。右図の353mmは自在継手中心高さではなく、レール踏面から測られたその最低高さの誤りである。

ボギー台車の車体中心線からの振れも45°になる。いくらボギー台車が「回る」と言っても鉄道の本線線路の曲線など高速道路のそれのようなもので、ローカル線のポイント付帯曲線でさえその半径は160mもある。自動車の前輪操舵角に見立てれば、僅かな変位量である。伸縮継手や自在継手は45°などという大きな変位を吸収するようには出来ていないし、作りようもない。したがって継手は外れるか壊れるかのどちらかである。このこと自体は致し方ない。

　後部台車の転轍、車体斜行角度の増大とともに下り本線上を先行する動台車とエンジン部とを結ぶプロペラシャフトは伸縮継手の所で伸びながら自在継手の軸交差角を増しつつガソリンタンク逆転機側の内方カドに近づく。上述のとおりタンクはクレーン工事に謂うところの「作業半径内立入禁止」原則に準拠した配置にはなっていなかった。辛うじてタンク底面と自在継手最高部位置との間には空車状態において40mmという僅かなレベルの差が与えられており、互いに干渉しない建前になってはいたが、超満員の乗客＝車体の沈み込みという現実を前にこの仮定の妥当性は失われていた（図5-2、5-3）[7]。

　そもそも、脱線でもしようものならボギー台車がどう首を振るか、あるいは動的な荷重の状況との絡みで瞬間的にどれだけ車体（枕バネ・軸バネ）が沈み込むかなど判ったものではない。したがってここは艤装技術上、重大な脆弱性

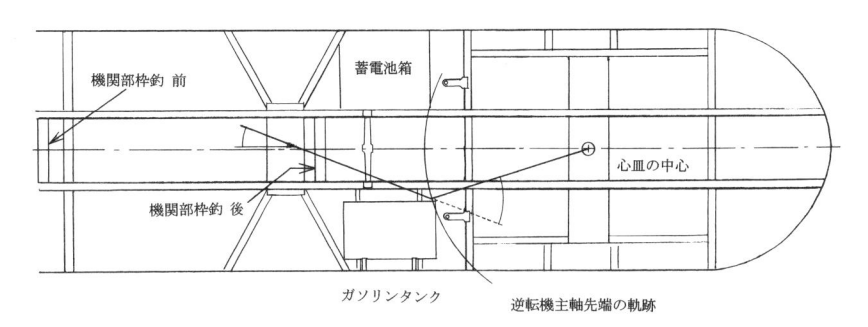

第5章　産業戦士192名、殉職す　143

図5-3　キハ42000における逆転機主軸先端とガソリンタンクとの平面位置関係

本図は岡田前掲『キハ07ものがたり（上）』20～21頁所収のVA図面をベースとするモノである。動軸中心から逆転機主軸側自在継手「四ツ手受ボルト」先端までの距離は同一ユニットを用いたとされる36900の『説明書』の図から約875mmと読み取り、このVA図面上に反映させてある。前図のとおり検証調書では設計寸法を拾って920mmという数値が採用されているが、この程度の図からは部品の寸法自体に若干の差があったのか、寸法の拾い方そのものが怪しいのか判断できないので敢えて控えめな数値を優先した。

が存在していたと批判されて然るべきポイントである。

　伸縮継手の離脱または自在継手の破壊がいつの時点で、いかなる順序で起こったのか、についての詮索は、プロペラシャフトが回っていた場合といなかった場合とでは結果が大きく異なる、という大前提のもとで進められなければならない。

　プロペラシャフトが回っていなかったとすれば、図5-3上でそれがタンクのカドに重なる若干手前、即ちボギー台車が17°ばかり回転した時点で150mmしかない（但し36900の場合）伸縮継手の重なり代が尽き、その時点でスプラインは外れ、プロペラシャフトは前後に分離し垂れ下がる。エンジン側はこれを懸架している機関部釣枠に落ちかかり、逆転機側自在継手は中間軸後半部を引きずりつつタンクのカドを撃つ。

　だが、これは逆転機が中立に入れられていた場合のハナシである。ところが、実際にはそんな具合にはなっていなかった。逆転機を中立に入れようものならクラッチペダル、変速レバー、スロットル・レバーはロックされて動かせなくなる。いかに惰力走行中とは言え、これでは不安で仕方なかろう。その上、逆

図5-4　ガソリンタンクの損傷状況

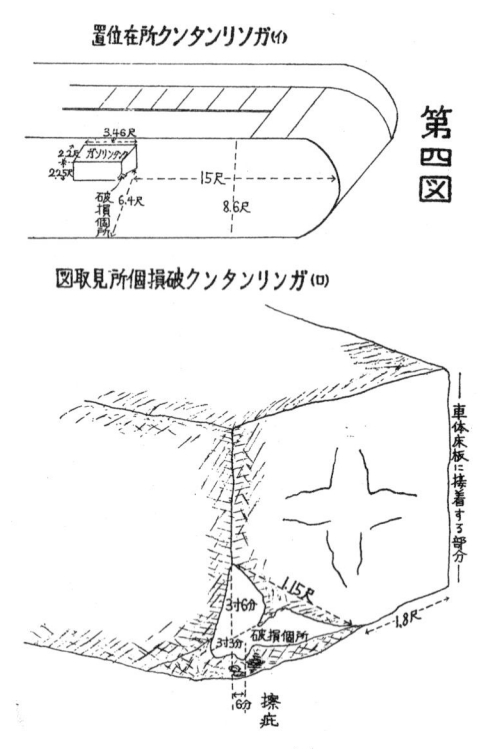

第四図

(イ)ガソリンタンク所在位置

(ロ)ガソリンタンク破損個所見取図

裁判所書記官研修所『検証調書の研究（刑事編）』第四図。

転機は"故障の巣"であった。停止後、再度噛み込ませようとした時にひと悶着起こされたりしては堪ったものではない。したがってそんな操作をするはずはない。だとすれば、エンジンが停止し変速機が中立になっている間もプロペラシャフトは車輌進行速度20km/hに対して400rpm.弱という減速ギヤ比によって規定される回転速度で進行方向右回りに空転させられていた。考えられる事実はこれ以外にない。

　車体斜行角増大に連れて自在継手軸交差角が増していく場合、2つある自在継手の内、軸交差角増加の率ならびに量がより大きくなるのは逆転機側自在継

手である。交差角がある限度を越えると自在継手はこじられて破壊に至る。言い換えれば２つある自在継手の内、先に壊れるのは逆転機側のそれである。その破断が先か、伸縮継手のすっぽ抜け、ないしねじ切れが先かは図５-３からおおよそ見当がつく。スプラインが抜けようかという辺りまで来れば、軸交差角は約40°に及ぶ。一般にフックジョイントの実用限界は30°まで。もちろん、それは浅ければ浅いほど望ましい。30°以上になると入出力側間での角速度ならびにトルク変化率（逆比例）が過大となり、無理な力が作用する。40°では幾ら変速機側が無負荷になっていてもフックジョイントはもたない。十字軸とその受け側の何れか、または双方が損壊される。伸縮継手のすっぽ抜け、あるいはねじ切れがほぼ同時に生じた可能性はあるが、既にその時点で自在継手は廃物化していた。中間軸後半部がガソリンタンクにでも激突すればタンクの損傷と次の瞬間の軸離脱は必至である。

　破壊された逆転機側自在継手の残骸を先端に残した——検証調書の図は些か心許なく、再掲をはばかられるが——恐らくあたかも前掲図２-18のフランジに若干屈曲し、あるいはその頭部を失った"四ツ手受ボルト"の角を生やしたような逆転機主軸は数百 rpm. にて右回転するカッターとなってガソリンタンク後方（進行方向前方）下部内側のカドに激突し、図５-４のような損傷を与えた。それ以外にタンク損傷の原因と疑われるに足る因子は見当たらない。付言すれば鉄道省標準ガソリン動車の動力伝達系が語られる際、しばしば目にする"振れ止め"などは、本件のようなケースにおいては何の気休めにもならなかった。

　火の手は最初、エンジン部から上がり、ややあってから大炎上に至ったと伝えられている。車輌が左転し、破損したガソリンタンクがエンジンの上方に持ち上げられ、ガソリンが電気部品や高温部に降り注いできたとあれば、どうせいつかは炎上したであろう。宮原機関区スタッフの涙ぐましい燃料報国への努力を思うにつけ、せめて最初に引火したのが加速ポンプの溢出油回収槽から流出したガソリンでなかったことを願わずにはいられない。

## 3．事故の遠因および対策を巡って

　大鉄局が棺おけ調達に手を焼いたのは市内葬儀屋の手持ち分だけでは足りなかったにもかかわらず製棺所が休業状態にあり、追加製造がままならなかったため、と伝えられている。その原因は電力供給の不足にあった。関西地区においては「日発の不始末と政府の失態」のため石炭入荷が減退、発電所の休止が続出し、最大45％に及ぶ電力制限→節電強化が実施されており、翌30日には更にその15％カットが決定されていた（公共部門を除く）(8)。

　この電力不足のため近郊の私鉄、省線電車等も両数、本数削減が相次ぎ、通勤列車はいずこも超満員の"通勤地獄"出現していた。

　わけても「西成線は"鉄路の癌"」と謗られる問題線区であった。当時、大鉄局管内においては片町線：四條畷〜木津間、山陰本線：京都〜園部間、姫新線：姫路〜播磨新宮間、和歌山線：和歌山〜粉河間、紀勢西線：和歌山〜箕島間などにガソリン動車が運行されていた。しかし、これらは閑散線区が多く、しかも蒸機列車が主体でガソリン動車は補完的役割を演じていたに過ぎなかった。全国的に見れば、また技術合理性の観点からすれば、それが当たり前の運用スタイルであった。

　西成線だけが逆であった。元々は貨物輸送を主体に敷設された鉄道に軍需工場の繁忙に伴う通勤客増加の波が押し寄せた事態を前にして大鉄局は、手軽だから渡りに船、とばかりにガソリン動車に飛びつき、過密ダイヤを組んでその過負荷運用に走った。事故当時、沿線大工場への通勤客は約8,600名、しかも増加中であった。これだけの人々が狭い通勤時間帯に集中した西成線ではあったが、大鉄局はガソリン節約のため、ピーク時を外れたところでガソリン動車列車を間引き、全体として混雑に拍車をかけたように報じられている。その代償として1939年月2月に追加されたのが件の蒸機列車1本であった。しかし西成線は42000の3重連、定員375名の列車が主体であったから、ピーク時、6時30分から7時30分までの1時間に蒸機列車1本が加わって7本となっても、そ

の総定員は2,750名に過ぎず、これでは焼け石に水も同然であった[9]。

西成線は両端の大阪〜福島、安治川口〜櫻島間に単線区間を含む線区であったから、既往のラッシュ時列車間隔10分を切る列車増発は極めて困難であった。西成線と併走していた大阪市電桜島線も10分間に11台（列車）という超過密ダイヤとあって輸送力増強策はお手上げの状態であった。

事故当時は正月以来、列車遅延（5〜30分）が重なっていたため、乗客に遅刻を恐れ、無理をしてでも目の前の列車に乗り込む傾向が増幅されていた。ドアを膨らませながら走行することなどは常態で、乗客は時に連結器の上にまでまとわりついていた。

沿線工場と大鉄局との間では協議が繰り返され、各工場は始業時間をずらしていた。因みに汽車会社の始業時間は7時25分、住友伸銅所は7時45分、大阪鉄工所は7時50分という具合である。しかしそれぐらいでは追いつくワケがなかった。しかも本質的に工場の操業時間は長い方が生産量アップに有利であるし、始業が遅れれば関連他工場間との連繋に関しても不都合が生ずるから、無闇にこれを遅らせることなど不可能である。

沿線大工場は事故直前の1月26日、連名で大鉄局に混雑対策を陳情したばかりであった。これに対する回答は朝、蒸機列車1本、夕方、ガソリン動車列車1本の増発のみであった。

もちろん、西成線電化への要望は強く、地元の社会大衆党・塚本重蔵代議士は、議会初出の1936年以来、西成線電化・高架化を運動していたが、その成果は芳しくなかった。鉄道省においても1938年度より再三電化計画を立案していたが、予算が抑制されたことで計画は査定段階で落とされ続けていたようである。しかしそれもようやく認められ、1940年度からの電化工事着手が決定されていた矢先の事故であった。1月31日、松野鶴平鉄道大臣は4月1日の西成線電化工事着工を言明した。工期約1年。1941年5月の電化後は1時間当たり120人乗り×4両の電車（モハ60［片側運転台付電動車］＋クハ55［制御車］の新製車編成［宮原電車区］）を6本、6両編成の蒸機列車を1本の予定であった。これだと総定員は3,330名である。通勤客は電化1年前の1940年4月時

点で1万人に達すると目されれていたにもかかわらずこの数字である。予算はたったの300万円。予算的にも資材的にも困難な市街地区間全面高架化は避け、単線区間もそのままにしてとりあえず架線を張り、燃えにくい電車を走らせることだけを狙った工事であった。

　西成線の輸送力向上に即効性のある対策は望めなかったため、時差通勤幅を1時間にする、工場別に乗車車輛を指定する、といった方向で沿線工場と鉄道省との間で協議が行われた。また、2月1日より市電、市バス、青バス（大阪乗合自動車㈱）の「急行」運転を開始することも決定された。この「急行」運転とは、6～9時、16～19時の通勤時間帯、御堂筋のバスを除き、全路線、交差点の電停・バス停以外、原則ノンストップで走る、つまり全便が一部の電停・バス停を飛ばす運行方式である。これによってすでに飽和状態にあるとされていた市電でも約10～15％の増便が可能となり、電力およびガソリンが節約される寸法であった。実績として例えば市電の消費電力量が7,200kW/hも削減されたと報道されている。

　更に大阪府警察部交通課は「出勤統制」に乗り出した。これは工場の休日を輪番制とし、時差通勤を徹底させる制度であり、1939年11月に大正区で試行された実績がある。2月21日には同課、大阪地方交通委員会の面々が同課々長室に参集し「ラッシュアワー緩和対策競技会」が設置され、工場責任者たちを招いて交通課長、主任警部らとの間に協議が行われた。

　一方、大阪府警察部工場課は社会課、建築課と協力、工場周辺に住宅および社宅建設を呼びかけ、土地買収、借用に府が全面協力する旨の声明を発した。大阪府、大阪市は府営・市営住宅建設に取り組む姿勢を表明した。厚生省からはこれを裏付ける6,000人分の共同宿舎と3,500戸分の住宅を建設するための資材「提供」が約束された。

　この方法による職住接近策と相まって取り組まれていたのが工場の域外増設である。安治川口、桜島周辺は古くから開発が進んでおり、用地手狭は各工場の悩みであった。その従業員42名を失った新興の住友金属プロペラ製造所も用地難に苦しんだ工場の一つであった。同所は早くも1941年11月には西成線沿線

を含め、市域への通勤者の約3割を占めた尼崎に職住接近の「プロペラ製造所神崎支所」を設置し、1943年には神崎を本所に、桜島を支所に、という格付け変更を行っている[10]。

## 4．西成線電化と鉄道省ガソリン動車の終焉

事故直後、鉄道省はガソリン動車の燃料タンクの構造強化、屋上その他への移設を検討中と報道された。曰く、

> 大阪安治川口駅のガソリンカー惨事がもし脱線転覆だけで火災とならなかったらかくも悲惨な結果を見なくても済んだであらうとの見地から国鉄ではガソリンカーの設計替えを計画、目下工作局で研究中であるが、ガソリンタンクが車体の下エンジンの隣にあるのは最も危険であることが明白となったのでこれは屋上あるひは適宜のところへ移転させまた少々の転覆ではタンクが破損しない頑丈なものとすることだけは早急に着手される予定である（2月7日『大阪朝日新聞』朝刊）。

われわれはこんな移転改造が実施されなかったことこそせめてもの幸い、とせねばなるまい。

それにしても、日本陸軍が時の高速戦車、サンビーム航空発動機（165/2,000）搭載のヴィッカース・Mk C型1両を輸入した際、受領試験においてエンジンのバックファイヤによる火災を経験したのが1927年3月。更に戦訓に学び、火災を発しにくく生存性の高い戦車用ディーゼル・エンジン開発に意を決したのは1932年であった。空冷直噴ディーゼル搭載の89式中戦車乙は早くも1934年に制式化され、最終的には統制型予燃焼室式発動機群に至る。1939年に生存性に関するこの発想を逆手に取った陸軍兵士がノモンハンでソ連軍のガソリン・エンジン搭載戦車に火炎瓶攻撃を仕掛け、戦果を挙げたことも広く知られている[11]。

これに比べればガソリン動車に綿々としてこだわり、制式ディーゼル・エンジンの制定に向けては陸軍統制発動機制定を巡る敗残者的技術を拾い回った鉄道省の取り組みには手ぬるさばかりが際立つ(12)。

　ガソリン動車ないし陸上公共輸送機関用動力としての大型ガソリン・エンジンなるものは大出力ガソリン航空発動機同様に早晩、「過去の存在」となる運命にあった。確かにアメリカ、ソ連や中国といった国々はそれぞれの特殊事情により大型自動車ディーゼル化に遅れた一面を有していたが、それらの国々においても順次、過渡期的技術からの脱却は具体化されている(13)。

　ディーゼル化という動力技術革新の流れに鉄道省が乗り遅れ、陸軍の後塵を拝した理由のひとつとして準戦時・戦時体制下、鉄道用エネルギー資源における石油依存率を下げ、国産の石炭でこれを賄おうという意向が働いたことを指摘してもあながち誤りとは言えないであろう。しかしたとえ、大局的にはそうであったとしても、鉄道省は1940年2月に至ってもなお、ガソリン動車いじりに余り高等とも言えぬ意欲を示していたワケである。

　ただ、鉄道省工作局はその直後、ガソリン動車の製作中止方針を確定したらしい。上述の藤田清執筆担当「車輛時言」には「ガソリン動車の製作中止」なるタイトルが付せられていた。これによれば軍需景気とともにデフレ下の小単位フリークエント型から大量輸送型へと転換しつつある運輸情勢と安治川口事故の教訓に鑑み、工作局はガソリン動車の製造を打ち切るのみならず、将来的にも小単位需要増大にはディーゼル動車開発によって応えるとの決断を下した。掲載誌は1940年3月号であったから、この決定も2月中にはなされていたものと思われる。

　すでに1937年6月、鉄道省はMTM編成の固定編成式ディーゼル・エレクトリック動車、キハ43000＋キサハ43500＋キハ43000を1編成完成させ、武豊線に就役させていた。技術的には総括制御可能な電気式ディーゼル動車成立の見込みは立てられつつあった。エンジンは前後の動力車に各1基であったが、テストのため新潟、三菱、池貝の3基（6-180×200、240BHP/1,300rpm.）が用意された(14)。

しかし結局ここでもまた、後が続かなかった。1930年代半ば以降に始まり、戦時下の中断を挟んでGMF13/GMH17から新潟LH6X/LH8Xを経てDMF13/DMH17に、また新潟K6D（満鉄向け）、新潟MH6S/MH10S（海軍51号内燃機関）からDMF31S、DML61Zに至る、即ち国鉄ディーゼル一家の技術形成過程は間違いなくこの国の高速ディーゼル技術史における陰の部分をなす。

動車用パワープラント開発の流れを規定した重要な側面因子にハイドロリック・トルク・コンバータ技術があった。53頁でも言及したように安治川口の事故当時、既成ガソリン動車の使い勝手を向上させる目的で総括制御の容易なトルクコンバータ付きパワーユニットがキハ41038、41105に搭載され、播但線、姫路～寺前間で2両総括制御試験中であった。1940年10月4、5日に実施された最終試験によってその実用性確認は「完了」していた。このトルコンこそが戦後における再出発のベースともる神戸製鋼所製リショルム・スミス型変速機であった[15]。

事実上ここにおいてGMF13、GMH17の直接延長線上に位置し、これらをそのまま代替可能なDMF13およびDMH17、とりわけ細かしいシリンダを漫然と縦一列に8個並べたDMH17がボッシュ式発電機やボッシュ式始動電動機などの家来とともにトルコンを従え、国鉄ディーゼル一家を支える構造の基本線が引かれてしまったわけである。

しかし、その鉄道省も営業面では1940年11月1日よりガソリン節約のため、全国のローカル線のガソリン動車を大幅減車する方針を発表せざるを得なくなった。第一次対象線区としては常磐線：我孫子～松戸間、水郡線：上菅谷～常陸太田間、総武線：千葉～成田、両毛線：高崎～伊勢崎、白棚線：白河～磐城～棚倉間の名が挙げられた[16]。

以後、戦時体制下、ガソリン動車は日陰の存在となり、圧縮天然ガス動車、液化石油ガス動車、薪、木炭、コーライト（粗製コークス）、シンダ（年間5万㌧以上発生していた蒸気機関車の煤塵）などを燃料とする発生炉ガス動車などもテストないし実用化されたが、1945年5月、ついに鉄道省ガソリン動車は全面休車へと至る[17]。

戦後、復活した41000や40000、42000たちは暫くガソリン動車として、あるいは代燃車輛として使用され、やがて陸軍統制発動機系のディーゼル・エンジン、あるいは鉄道省GMF13、GMH17の後裔たる国鉄制式ディーゼル・エンジンへの換装・トルクコンバータ搭載による延命手術を受け、最後には地方鉄道へと払い下げられていった。戦後新たに"自社発注車"として製造されたモノも20両存在した。これらの払い下げ、"自社発注"車輛の中には1997年まで営業路線上に足跡をとどめたものさえ存在する。

　当の西成線は1941（昭和16）年5月1日、予定通り電化された。42056を除く宮原の42000たちが電化直後に一家離散し、戦後の改造工事担当工場近くの機関区に配属され、しばし稼動を続けたのか、行き場も無いままガソリン不足のため宮原で休車状態にあったのかについては残念ながら不明である。恐らく礒田も願ったであろう転籍例も存在したとは想われるが、1941年というのは時期的にかなり微妙な年回りではある[18]。

　1943年10月からは西成線と城東線（大阪環状線の東半分）との間に直通電車運転が開始された。直通運転は1945年6月まで継続されたが、戦後、一旦中止され、1954年4月より再開に至った。

　その後も復興は急テンポで進展し、1961年4月25日には待望久しい大阪環状線が開通を迎えた。この時点においても福島～西九条間は高架化されなかったため、新規開業の環状線西九条駅は高架、旧西成線西九条駅は地上で、不便な乗り換えが必要であった。また、この時点での電車は全て西九条⇔天王寺⇔京橋⇔大阪⇔桜島という運行形態であった。

　この煩わしさが解消されるには、1964年3月22日の福～西九条間の高架線完成を待たねばならなかった。同日、漸く大阪～福島間が複線化され、翌年3月18日には、残された福島～西九条間も3線化（1本は貨物線）され、現在の姿になった[19]。

　もはやガソリン動車が過密仕業の中、25‰勾配を駆け上がり、あるいは劫火に包まれた当時を偲ばせる風景は存在しない。安治川口駅北側の線路沿いに建立された慰霊碑のみがひとり当時の悲しみを偲ばせている。

## 注

（1）　事故状況等については主として『大阪朝日新聞』により、必要に応じて『大阪毎日新聞』を参照した。

（2）　原口隆行企画・執筆、宮脇俊三編著『時刻表でたどる鉄道史』JTB出版事務局、1998年、89〜92頁参照。

（3）　この乗車率が戦後の標準からすれば実質3倍以上に相当する点については既述のとおり。もっとも、『大阪朝日新聞』がなぜキハ42000の定員を通常より5名多い125名と表示したのか、理由は不明である。座席のひとつも撤去してあったのかと思ってみたりもするが、『大阪毎日新聞』の記事ではやはり120名と紹介されている。

（4）　住友伸銅所はその古風な名称とは異なり、軽合金など非鉄金属の開発・加工のトップメーカーで、ゼロ戦をはじめとする航空機の主翼桁材開発・加工などのほか、海軍艦艇用蒸気タービン翼の加工なども手がけた有力軍需会社であった。

　　住友プロペラ工場（現・住友精密工業㈱）は航空機用プロペラのトップ企業としてハミルトン・スタンダード可変ピッチプロペラ（米）、VDM可変ピッチプロペラ（独）の製造会社であった。

　　住友製鋼所は輪軸など鉄道車輌部品の有力会社であったが、列型航空発動機のクランク軸粗形材型鍛造工場としても知られ、またそのタイヤ転造用ロール・ミルは大戦末期、"譽"航空発動機の鋼製クランク室の転造に大活躍する。

　　大阪鉄工所は駆逐艦や陸用蒸気タービンなどを手がけていた。

　　本邦蒸気機関車メーカーの嚆矢、汽車会社について多言は不用であろう。

（5）　裁判所書記官研修所『検証調書の研究（刑事編）』1951年5月 研修資料第1号、346〜356頁参照。第1側線の軌道全体が歪められたのは軌道（道床）バラストの枕木に対する拘束力が本線軌道よりも弱く、横圧力に抵抗出来なかったからかと想われる。最終局面では当然、北側軌条に犬釘の抜上がりが発生し、軌間拡大を生じたはずであるが、調書にこの現象に関する明確な記述はない。

（6）　「爆発」なる表現は戦前版『内燃機関』第4巻第3号（1940年3月）の藤田清署名の「車輌時言」に用いられている。この「時言」の内容については後ほど別の脈絡で触れたい。

（7）　図5-2の元になったモノとは異なる鉄道省提供図面においてはこの高低差が示されていない。本書カバー（日本機械学会前掲『改訂 国産機械図集』148頁より）参照。検証調書の図は空車状態を表すから『改訂 国産機械図集』に収録された鉄道省提供図面は標準積載状態に符合するものと推定される（第2章注28参

照）。事故検証の手段としてはこちらの方が適合的である。

　荷重状態のいかんによって懸架装置のバネの高さは大きく変化する。記事にも「定員百二十五名の車輌に三百名以上も乗るとスプリングは殆どペシャンコとなり車輌の負担に非常な無理を生ずるもので云云」とある（『朝日新聞』1月29日発行、30日付夕刊）。こうした余りにも当然の相違を前提にしながら敢えて検証に際して空車状態に対応するデータが呈示されたものだとすれば、そこにある種の見え透いた意図を感じぬわけにはいくまい。

　余談だが乗用車ともなると、荷重変動によるバネ高さの差は極めて大きい。いかなる荷重状態で図面を引くか、はある種「お国柄」に属する問題のようである。一般化出来るか否かについては不勉強で何とも言えぬが、ドイツでは空車状態で図面表示されるのに対して、わが国においては標準荷重状態で図面が描かれるため、実際には非常に似通ったプロフィールを有するクルマ同士の印象が図面上ではかなり乖離して見える、といった場面に出くわした経験が筆者にはある。

（8）　電力の国家管理にかかわる中心機関としての日本発送電㈱は1938年4月公布の電力管理法、日本発送電株式会社法に基づいて1939年4月1日、既存33電力会社に発送電施設を強制現物出資させる形で創設された（一部の施設は買収）。

　しかし、この年には冬場から続いた異常少雨が夏場を迎えても一向に解消されず、かえって年末から翌40年にかけては150年ぶりと形容されるほどの超異常渇水が発生した。当時、発電の主力をなした水力発電所はこの渇水によって次々とダウンした。

　政府や日発は水力発電をバックアップすべき火力発電能力の拡充に先手を打っておくべきであったが、石炭の手配を含めた無策状態のツケが回り、日本全体が発電用石炭不足に陥った。炭質の低下という随伴現象がこの発電用石炭飢饉に拍車をかけ、火力発電能力は大幅に落ち込んだ。中国、関西関東へと電力不足・供給制限区域は拡大し、九州、四国もこれに続いた。

　1939年10月には電力使用制限に係わる電力調整令が公布施行されたが、1940年1月末、遂に関西地方に大停電が発生するに及び、2月よりこの電力調整令が発動されるに到った。結局、異常気象の終息により電力調整令は3月25日に解除されたが、この頃から電力事業に対する国家管理は一層、強化されていった。電気事業講座編集委員会『電気事業発達史』電気事業講座第3巻、電力新報社、1996年、111〜112頁参照。

（9）　2750−2250＝500で、500÷6≒83となる。これでは定員数が小さ過ぎるように見えるかもしれない。当時西成線の臨時列車にどのような客車が使用されていたかは不明であるが、17m級のオハ31やナハ22000（木造）で定員80名、20m級の

第 5 章　産業戦士192名、殉職す　155

スハ32で定員88名であった。編成を考えてみると、
　①　すべて17㍍級：オハフ30（ナハフ24000）＋オハ31（ナハ22000）×4両 ＋オハフ30（ナハフ24000）として、80×4＋72×2＝464名。
　②　すべて20㍍級で、スハフ32＋スハ32×4両＋スハフ32として、88×4＋ 80×2＝512名。
　ナハ22000系は大正期の製造、オハ31系とスハ32系はそれぞれ1927（昭和2）年と1929（同4）年が製造初年度。実際には①と②の間の定員数と思われるから、『朝日』の記述はほぼ妥当なところであろう。

(10)　因みに神崎とは尼崎の地域名称で、東海道本線尼崎駅もかつては神崎駅と称した。住友精密工業㈱『住友精密工業社史』1981年、参照。同書巻末年表には「1・29　西成線安治川口駅構内においてガソリンカー脱線転覆して火災を起こす。当社従業員の死傷者多数に上る」と記されている。

(11)　原乙未生・栄森伝治『日本の戦車（上下）』出版協同社、1961年、（上）13頁、（下）28頁、加登川幸太郎『帝国陸軍機甲部隊』白金書房、1974年、72頁、日本兵器工業会『陸戦兵器総覧』343〜344、347〜349、383〜394頁、前掲『日本のディーゼル自動車』V章および『伊藤正男──トップエンジニアと仲間たち』を参照。

(12)　『日本のディーゼル自動車』ⅣおよびⅤ章、『ディーゼル技術史の曲り角』第6章、『鉄道車輌工業と自動車工業』第2章第2節、第7章、参照。

(13)　前掲『開放中国のクルマたち』1章3節、3章1節、参照。

(14)　その要目はまず朝倉希一によって製造途中に紹介された（『鉄道車輛（下巻）』264、290〜292頁）、続いて佐竹達二「鉄道省の3輌編成480馬力ヂーゼル動車に就て」（戦前版『内燃機関』第1巻第3号、1937年11月）が現われ、公式説明書として鉄道省工作局より1938年2月に『480馬力電気式　ヂーゼル動車説明書』が発行された。この発表経過からは当時の鉄道省工作局技術者たちの昂揚した気分が伝わってくる。彼らはこのよりハイグレードなディーゼル動車に対して技術者らしい期待感を抱いていた。ただ、それをモノにする実力が伴わなかっただけである。そのテクニカルデータについて簡単には『日本のディーゼル自動車』132〜134頁、『鉄道車輌工業と自動車工業』41〜42頁参照。

　1955年、国鉄がキハ60系液体式ディーゼル動車への搭載を狙って制式機関メーカー3社（新潟、振興、ダイハツ・ディーゼル）に開発させたDMF31SH型エンジン（横型直6-180×200　当初の出力370PS/1,300rpm.）はこの43000のエンジンを復活させたような作品であった。本機は大いに期待されたが、1960年に登場したキハ60、キロ60はエンジン、トルクコンバータ、2軸駆動機構などに不具合

続出で、程なくエンジンはDMH17H型2基に換装されてしまった。31SH型エンジンを竪型にしたDMF31S系列のエンジンが国鉄ディーゼル機関車用主力エンジンとしてどうにかこうにか仕立てられていった過程についてはその前史を含め、『鉄道車輛工業と自動車工業』第7章第2節で論じておいた。

国鉄の大出力動車用エンジン開発願望は1960年代半ば以降、DMF15HS（横型直6-140×160 当初の出力240PS/1,600rpm.）、DML30HS（15HSの水平対向12気筒 同500PS/1,600rpm.）系列のエンジンとして結実した。これらのエンジンの内、30HSAなどはやや遅れて投入される機関車用DML61ZB型エンジン同様、主軸受をコロ軸受とし、トンネル型クランク室を採用するなどというバカに大袈裟なシロモノであったが、新系列制式機関は総じて不出来を極め、それを搭載したキハ65、66、67あるいはキハ40系の新系列液体式気動車とともに不評をかこった。キハ40系"低性能"気動車の走りがキハ45000にも劣ると酷評された一件を含め、こうした点については『鉄道車輛工業と自動車工業』第10章第1節に触れられている。

(15) 前掲日本国有鉄道編『鉄道技術発達史 Ⅵ』（第4篇 車輛と機械 (2)）、1063頁には神鋼＝リショルム・スミス式トルクコンバータを2両の42000に搭載し、西成線に投入し、重連総括制御の性能をテスト、「その成績は非常に良好で将来の発展を期待された」が、戦時体制への傾斜によりその発展が阻まれた、とある。しかしその詳細は不明である。41000での試験については中川前掲「国鉄型機械式ガソリン動車変遷史」、前掲『日本の内燃車両』気動車編 No. 85、岡田前掲『キハ41000とその一族（上）』14～15頁、参照。前者には鉄道省の内部資料への言及が見られる。神鋼におけるトルコンの技術導入は1935年。機械学会『機械工学年鑑 昭和11年版』1936年、73頁に簡単な紹介記事がある。

(16) 『東京朝日新聞』10月26日版。白棚線は白棚鉄道として1916年創設。水郡線との競合で衰退し1938年借上げ、1941年買収、1944年軌道撤去・休止。戦後、国鉄バス専用道路として復活。軌道敷のバス専用道路（1車線［単線］扱い）化は、私鉄のバス転換例（仙北鉄道→宮城バス鉄道部築館線）、国鉄の軌道敷工事済み未成線での実施例（五新線）など、数件ある（宮脇俊三編著『鉄道廃線跡を歩く』、『同Ⅲ』JTB、1995、97年）。

(17) 各種、代燃化の事跡については第4章、注16の文献のほか、日本国有鉄道編『鉄道技術発達史 Ⅵ』（第4篇 車輛と機械 (2)）、1015～1022頁にややまとまった記述が見られる。大鉄局管内でもシンダ動車の運行が暫時行われたが、西成線が実施線区とは考え難い（『大阪鉄道局史』606頁）。

(18) 改造に伴う改番や称号改正を度外視し、原車番で宮原の残党の戦後を述べれば、

- 000：1951年、代用客車ナヤ6566に、1953年、ナエ2703に改造。
- 001、011、012、023：1949〜51年、長野工場と新小岩工場で天然ガス化改造。1951〜52年、長野工場にてDMHに換装。023は1962年、江若鉄道に払い下げ。
- 024、025：戦災に遭遇。024は行方不明、025は1946年、茨城交通に払い下げ。
- 037：1949年まで宮原に在籍。この年、有田鉄道に払い下げ。
- 054：1948年、事故廃車。1953年、江若鉄道に払い下げ。
- 008、038、039、040、055、057：1951〜52年、長野、大宮、名古屋の各工場でDMHに換装。040は1964年、常総筑波鉄道（関東鉄道のルーツの一つ）に払い下げ。

残党たちの内、国鉄残留組はすべてローカル線区で遣い回された末に終焉を迎え、払い下げ組もその役目を終えた。僅かに055のみが現在もJR九州の大分運転所に静態保存されている。岡田前掲『キハ07ものがたり（上）』47頁、参照。

(19) 沢柳健一「大阪環状線の今昔見聞録」『鉄道ピクトリアル』No. 520、1989年12月、「特集・大阪環状線」43頁、参照。

## 技術史的総括

　技術の進歩は構造、動力、制御の各サブシステムを構成する諸要素の自律的発展を通じて具体化され、時としてその不均衡(アンバランス)は上位のシステムに歪みとなって現われる。その歪みは世界初のジェット旅客機、デハビランド"コメット"機のように空中分解といった激烈な表現をとる場合もあれば、使用現場へのしわ寄せ、日々発生する不具合への対策、経済的損失といった慢性的症状として現われる場合もある。

　しかし、造艦技術や軍用機開発技術の歴史に典型的に表現されているように、開発部隊は技術サブシステム間における所与のアンバランスを前提としてとにもかくにも"何物か"を取りまとめなければならぬシガラミのなかで行動するしかない。そこには当然、各サブシステムに対して"シワ寄せ"という格好で揺り戻しが作用し、それによって各サブシステム内部におけるストレスは昂進せしめられる。このとりまとめ、ないし艤装技術と呼ばれる固有の領域において妥協ないしサジ加減の巧拙が最も鋭く問われる所以である。

　こういった思考をバックに「鉄道省ガソリン動車とは一体何であったのか」、「それが残した戦後への遺産とは何であったのか」について今一度、思いを致してみよう。

### 鉄道省ガソリン動車とは一体何であったのか

　管見によれば姿かたちは似てこそすれ、鉄道省標準ガソリン動車は地方鉄道における兄弟たちとはかなり趣を異にする存在であった。

　相違の第一はその運用法に係わる。鉄道省標準大型ガソリン動車は標準化＝遣い回し構造の極限において単車運行を前提に作られたはずのその身を安直にも他車と繋がれ、電車まがいの高密度仕業を日常的に強要された、という事実

が挙げられる。

　相違点の第二はその設計ないし構成ユニットの素性に係わる。地方鉄道のガソリン動車たちのほとんどにはアメリカ製の自動車用に類するユニットが搭載されていたのに対して、鉄道省のそれには国産志向が強く押し出された設計技術習得期の、模倣色の濃いユニットが——同様に試行錯誤的段階にあった艤装技術の下でまとめ上げられ——搭載されていた、という事実がそれである。

　まず、前者について総括を試みよう。ガソリン動車は経営資源の乏しい地方鉄道にとって生き残りの杖とも貨物中心の路線における補完物ともなった。地方鉄道のガソリン動車は牧歌的雰囲気を醸し出しながら車体を軋ませ、適当な載せ替え用ディーゼルが手に入らなかったフォードA型エンジン搭載車のようなケースでは高度成長期の入り口辺りまで生き永らえた例があり、払い下げ41000の中にさえ、同和鉱業片上鉄道に転じたそれのように1956年までGMF13のまま持ちこたえた一種のツワモノがいる。

　しかし、いかに商工省標準型式自動車や省営自動車の経験を背景に有したからとはいえ、そもそも大型ガソリン動車などという物騒なシロモノは天下の鉄道省によって安直に開発、量産されるべき技術ではなく、まして幾ら手厚い予備車手当て・検修体制と引き替えにであったとは言え、かような「過負荷運用」ないし「目的外就労」を強制させられるに値する車輌ではなかった。

　次に後者についての総括を試みる。先次大戦中、日本軍が鹵獲した米軍旧式戦闘機は飛行場の片隅に雨ざらしで放置されていても、いざ動かしてみようという時は手順さえ踏めば一発で発動機が目覚めたという。これにひきかえ、国産機は格納庫の中で絶えず整備士が手入れを行い"乳母日傘"（おんばひがさ）で面倒を見て貰っていても、出撃の秋を迎えると始動不能、といった情けないケースをザラに現出させたと伝えられている。

　地方鉄道のガソリン動車がどの程度の整備を受けていたかを示すデータは乏しいが、かつてわれわれが目にした車輌台帳（修理日誌）の記録によれば、動車用アメリカ製ガソリン・エンジンの成績はアメリカ製航空発動機の逸話とは違って余り芳しいものではなく、意外にも戦後に地方鉄道に払い下げられたキ

ハ41000に載っていたGMF13のそれと大差はなかった。

　しかし、後２者の比較はあくまでも整備技術の巧拙、予備・検修車輛手当ての粗密、負荷の軽重などに何一つ斟酌を加えられない制約の中での判定であった⁽¹⁾。

　礒田が残してくれた宮原のデータは語ってくれる。動力のみならず構造、制御を含めた３つのサブシステムすべてにおいて、そして各サブシステム相互間、ならびに動力技術サブシステムの重要部分たるエンジン冷却系と車室暖房システムとの接合といった例に象徴されるような下位のシステムとの連繋に係わる側面において、鉄道省"純"国産ガソリン動車キハ42000は実にバランスよく不具合の巣窟であった。

　鉄道省大型標準ガソリン動車が、国産軍用機などと同様、艤装技術面において蔵していた重大な潜在的欠陥ないし脆弱性は現場の限りなく手厚い保守・検修体制および創意溢れる運用ならびに尻拭い技術の傾注にもかかわらず、日常的「過負荷」運用過程において大小の破綻を生み出し続けた。そして1940年１月29日、ついに悲劇的結末が——転轍操作ミス、フェイルセーフ機能を欠いた信号・転轍システムという直接には車輛外的な要素に起因する事態であったとはいえ——前後台車の行き別れという異常事態下、各ユニットを取りまとめる艤装技術の面に伏在した脆弱性を突かれる格好で招来された。

　但し、われわれはこの点に直接かかわる「過負荷」なる言葉については車体構造とエンジン出力・動力伝達系容量の両面から若干の留保が必要であることを知っている。前者から述べれば、定員の３倍と言ってもその実、高が知れた重量……15㌧から20㌧の間である。これに比べれば軍用車の使われ方などは時に想像を絶していた。現在でも公称10㌧積みのダンプトラックなら放っておけば20㌧も30㌧も、あるいはそれ以上載せられてしまうのがこの国の「常識」である。それで壊れるとか艤装面で破綻を生ずるといった事態の発生を覚悟してトラックを設計するメーカーなど無かったし今も無い（一向に後を絶たないスリーダイヤ印欠陥車のごときは例外中の例外、と開き直らねばならないのは遺憾の極みであるが……）。

他方、エンジンおよび動力伝達系における負荷率について見ると客観的状況は相当に異なっていた。新製直後の重連高速走行試験においてしかりであったように、当時、GMH17のスロットル開度は4分の3あたりまでに限定されており、決して全負荷では使用されていなかった。しかも、この4分の3限定負荷という大前提に加え、燃料節減を狙った高速加減弁の絞込みによる若干の出力抑制という制約条件下、西成線では連続定格回転数を下回る1,400rpm.に、それもほんの一瞬達する程度のスロットル操作しか行われていなかった。

　したがって負荷率から見ればエンジンにはまだまだ余裕があった。その分が過積載による負荷増大に振り当てられたわけだが、それでももちろん、容量不足のクラッチが滑らぬ程度の負荷にしかなってはいなかった。その程度でアチコチ潰れたのであるから、主要ユニットに関しては根本的に強度不足の設計がなされていたことになる。

　運用法と設計技術に係わる上記2つの相違点はしかし、互いに排他的に理解されるべきではない。少々の過負荷に音を上げるひ弱な車輛を開発したのであるから開発者には非があり、耐えられないことを知っていながら過負荷運用をなさしめたのなら営業サイドにも罪がある。もちろん、車輛に欠陥があろうがなかろうが、安全第一であるべき公共交通機関としての立脚点を忘れ、惨劇の窮極の誘因である常軌を逸した運用に至らしめた営業戦略の瑕疵は最も根源的である。惨事は人間のあらゆる隙を突いて発生する。隙間が生まれる隙を作ったらその時点で負けである。それをやったのは間違いなく鉄道省という名のひとつの巨大組織であった。

　大惨事を呼んだ鉄道省車輛内燃化政策の倒錯を生ぜしめた原因は明らかである。西成線への投入事例のみについてみれば鉄道省大型標準ガソリン動車は電車（電化）に対する劣位の代用財であった。しかしながら地方鉄道との比較や電化を巡る予算制約など、手近なモノサシから一歩退いて、鉄道技術発展の世界的趨勢という尺度に照らすならば、ガソリン動車は「電車に対する劣位の代用財たるべきディーゼル動車をさらに代替せしめられた最劣位の代用財」にほかならなかった。

鉄道省におけるディーゼル車輌開発のもたつき、軽量高出力ディーゼル・エンジン開発の遅れ、これが政策の倒錯を招き、かくも不合理な運用法をも蔓延させた遠因である。技術サブシステム間アンバランス——動力技術サブシステムの後進性——これこそが全事態を象徴するキーワードである。

　その実相は鉄道省が陸軍統制発動機制定に至る開発競争における"落穂拾い"的役回りを演じ切った構図に端的に表現されている。負け犬たちに多かれ少なかれ共有された欠点は噴射系技術の領域における詰らないオリジナリティーへの固執、勘どころを外した燃焼室設計、量産性・整備性・運用性への配慮を欠いた"屁理屈"先行の設計、であった。

　これに対して分散発注から競争試作へ、という技術統合過程を経て陸軍統制発動機に選定されたのはボッシュ式噴射系技術に信をおき、独自の燃焼機構を創案し、量産性・整備性に可能な限りの配慮を加えた成果たるいすゞ自動車、伊藤正男の予燃焼室式エンジンであった。それは世界に先駆けた機甲車輌の一元的ディーゼル化を実現し、その結果、旧知の92式5㌧牽引車用スミダD6ガソリン・エンジンはDA6型ディーゼルに代替され、後継の98式6㌧牽引車のエンジンは最初からディーゼルのみで開発された。そのエンジンはDD6型を経て100式統制DA50型へと進化した。もちろん、100式統制発動機は戦車用エンジンの一元化をも具体化した。かかる陸軍統制発動機が戦後も鉄道車輌を含む諸方面における動力技術革新に寄与した経緯はモノゴトの自然な流れそのものであった[2]。

　確かに、噴射系重要部品の国産化が遅れたため、軍用自動車の主力はGMF、GMHの異母兄弟に当たるスミダX型系ガソリン・エンジンが担い続ける結果となった。その設計は生産性、品質の安定性と安全性……壊れないこと、乗員が生きて還れることを主眼としたため、保守的で、一貫して動弁機構がSVなら圧縮比（$\varepsilon$）も控え目に終始した。

　それでもなお、スミダX型系ガソリン・エンジンが標準化されたまま捨て置かれたかと言えば、事実は異なっている。その証拠に、いすゞガソリン・エンジンにおけるX型由来のリカード燃焼室（$\varepsilon=5.25$）に対してはディーゼ

ル・エンジンへの政権移譲実現までの間、"トヨタ"、"ニッサン"への対抗をも視野に収めつつ、シリンダブロック側の相対部品の設変なしに燃焼室形状を変更可能な SV 式の長所を活かした実に様々な改良が試みられている[3]。

これに引き替え、GMF/GMH はいかにも間に合わせ、作りっ放しと形容されるに相応しい有様であった。当時の国有鉄道における内燃車輌の安直にして中途半端な位置づけと戦時体制下の制約によって GMF/GMH は改良されるいとまも民間に普及する余裕も与えられぬまま表舞台から退場した。極論すれば、それらはいやしくも "一等国" を標榜するような国において開発・量産されるべき作品などではなかった。

## 鉄道省ガソリン動車が残した戦後への遺産とは何であったのか

戦後、車輌遣い回し構造の底辺をなす民間払い下げよってこの非完熟的ガソリン動車技術の否応なき "普及" が進むかに見えた。確かに文化財の域に昇華しようとしていた戦前派地方鉄道生え抜きのガソリン動車たちの幾許かはそのアオリを食らってスクラップ化された。しかし、そこにも鉄道省標準ガソリン動車の "終の棲家" はなく、時代の先駆者たる陸軍統制系発動機によって、または国鉄制式ディーゼル・エンジンによってそれらに搭載されていた GMF/GMH は代替されていった。

### 輪廻転生のことわり――江若鉄道のディーゼル動車群

左から第 2 章でも取上げられた大型軽量動車の先駆として特異な意義を有するキニ 4。日本車輌、1931 年製造。戦時中の代燃化を経て 1951 年、旧陸軍統制系の日野 DA54 に換装・ディーゼル化。1955 年国鉄制式ディーゼル・エンジン DMH17 に再換装。動力伝達系は終生機械式のままであった。

その隣の顔半分はキハ 23：1937 年川車製。元鉄道省キハ 42501（池貝試作ディーゼル搭載。成績は不振であった）。1950 年、天然ガス動車化

技術史的総括　165

(GMH17 キハ42221)。1952年、DMH17に換装、42501。1957年、キハ07 2と改番。1963年に廃車、払い下げ。機械式。江若鉄道でのエンジン換装に関しては明確な情報に欠けるが、日野 DA59A-2 搭載とする文献もある（A-2 は渦流予燃焼室式の過給エンジンであった）。

更にキニ9：1935年日車製、鉄道省41000の地方鉄道向け「流線型」バージョンであるが、車長は18mを超えた。1943年、天然ガス動車化。1952年 DMH17に換装。機械式。

その隣、顔が切れているのは連結器開放テコの形状からキハ21またはキハ22らしい。前者なら1937年、日車製、元鉄道省キハ42050。1951年、天然ガス動車化してキハ42217。1952年、DMH に換装、キハ42537。1952年キハ07 38。1960年に廃車、払い下げ。後者なら1937年、川車製、元鉄道省キハ42500（新潟試作ディーゼル搭載）。1950年、天然ガス動車化してキハ42220。1952年、DMH に換装、キハ42500。1957年キハ07 1と改番。1961年に廃車、払い下げ。

これらの車輌はすべて1969年、同鉄道の廃止に伴い御役御免となった。しかし関東鉄道に移ったキハ18、キハ19（それぞれ元・省42054、1937

年、日車製、1948年事故廃車。1953年、宮原電車区より払い下げ［DMH］、江若キハ18。1960年、トルコン搭載。1966年、総括制御化、および元・省42017、1936年、日車製、1949年廃車。長門鉄道キハ11［DMH］を経て1956年、江若キハ19。1960年、トルコン搭載。1965年、総括制御化。これに際し両車は片側運転台化されキハ5121、5122と改称、中間附随車を加えて固定編成化。1969年、この形で関東鉄道に譲渡キハ511、512）、加越能鉄道を経て関東鉄道に転じたキハ24（元・省42023→42202→42523→0724）、やキニ6、別府鉄道に移ったディーゼル機関車DD13 51のように更に他の非電化私鉄へと渡り歩いた車輛も存在した。関東鉄道キハ522は車体換装を経験した上、1997年3月31日まで現役に踏みとどまった。

　江若鉄道㈱は1921年開業。1931年ガソリン動車を導入、1969年、国鉄湖西線建設へ向け廃止（軌道敷の約6割を鉄道建設公団が買収）、江若交通㈱と改称、路線バス事業などに転換し今日に至る。和久田前掲『改訂新版資料・日本の私鉄』58、65頁、竹内龍三「私鉄車両めぐり［70］江若鉄道」（『鉄道ピクトリアル』No. 192、1967年1月［鉄道ピクトリアル編集部『私鉄車両めぐり特輯・第Ⅲ輯』1982年、285〜292頁所収］）、鉄道史資料保存会編『江若鉄道車輛五十年』1978年、85、87頁（表）参照。

　1967年、江若鉄道三井寺下駅にて。


　国鉄自体においても地方鉄道においても、鉄道省標準ガソリン動車は液体式ディーゼル動車として最も良く延命された。しかし、これによって総括制御が可能になったとは言え、この能力を活かして国鉄線の表舞台で蒸機列車を代替するような長大編成を組むとなると、これらの車輛はいかにも役不足であった。言い換えれば、オリジナルのエンジン、クラッチおよび常時噛合い式変速機のみならず、それらによって余儀無くされた単車運転を建前とする車体・フレーム構造も、上回り同様に華奢な輪軸や台車も、要するにその開発思想ならびにそれを具体化するために結集された要素技術のすべては戦後復興期、すでに時代遅れと化していた。

とかく不安をかこった自在継手にしても同様で、外観こそ似てはいても、ディーゼル動車用自在継手の信頼性・整備性が向上し、伝達トルクの大きな機関車用の継手まで開発されたのは鋼製ブッシュが針状コロ軸受(ニードルローラーベアリング)に置き換えられ、それもリテイナ無しからリテイナ入りへと進化し、なおかつ改良——例として半径方向隙間の経験的最適化——を施されてからであった。この間実現された潤滑剤としてのグリースの高品位化も見逃すことの出来ない要因である。もっとも、一連の過程は事実上、自動車技術の後追いに過ぎなかった[4]。

鉄道省ガソリン動車が戦後鉄道界、とりわけその表舞台に残した遺産、それはその存在が後に続く内燃車輌の開発ならびに運用のための、すなわちディーゼル動車出現のための先行経験となったという一点に尽きる。

ところが肝心の国鉄制式エンジン DMF/DMH たるや、鉄道省が落穂拾いの果てに辿り着いた新潟 LH6X/8X の復活バージョンにボッシュの旧式噴射系・電装系という同時代の旧陸軍統制系エンジン以上に帝国陸軍時代的な装備をまとわり付かせる手口によってでっち上げられ、間に合わせられたシロモノにほかならなかった。とりわけ国鉄ディーゼル動車の主力エンジンとなった兄貴分、DMH17は直列8気筒などという本質的に素性良からぬエンジンであった。それが大小様々な改良を施され、その現役期間を無益に引き伸ばされた点については最早、多言は無用、後悔先に立たず、と言ったところであろう。

かくて GMF/GMH、とりわけ GMH17には、第一にその面白くも無いプロポーションが DMH17型直列8気筒エンジンの土台となったことにより、第二にそれが体現した"運用面における共役性を個別部品の互換性レベルにおいて担保しようとする硬直的標準化思想(ドグマ)"ゆえに、本邦内燃機関技術史において見栄えのせぬ地位が割り振られた。

資料によれば宮原機関区には1955年3月15日現在で、液体式ディーゼル動車、キハ45000（後のキハ17）が8両在籍し、福知山線における仕業に充当されていた。現場でその整備に汗した人々についてイメージしようとする時、われわれの脳裏には川西航空機の発動機組立・試運転部門でウデを磨き、戦後、加古川市の別府鉄道に移ってからはガソリン動車、ディーゼル動車、ディーゼル機

関車、客貨車の整備に職業人生を全うされた当時のK鉄道区長の相貌がどうしても浮かんでくる。K氏の「わしにしたらガソリンなんか水みたいなもんや」という述懐はわれわれの記憶裏に今も鮮明である[(5)]。

口が裂けても上出来とは言えないキハ42000型ガソリン動車をお守りさせられた猛者たちの経験が宮原における内燃車輌整備・運用技術のルーツとして大きな財産になったと信じ、せめてもの慰めとしたい。

他方、成り行きとして当然のことながら、戦後鉄道界において鉄道省標準ガソリン動車ないしそのディーゼル化版それ自体に最大の活躍場所を与えたのは江若鉄道や関東鉄道、同和鉱業片上鉄道など、地方の有力非電化私鉄であった。しかし、その多くはすでに潰え、生き残った部分においても車輌の代替が進んだ。もはや鉄道省ガソリン動車系の内燃動車が営業路線に踏み止まる線区は存在しない。

しかし、幸いにもキハ41000型、42000型の内、同和鉱業片上鉄道に払い下げられ、キハ303（片上でDMFに換装）、となったキハ41071号（1934年、川崎車輌製）、およびキハ702となったキハ42014号（1936年、川車製、1952年、ディーゼル化により42504と改称）の2両は1991年6月の同鉄道の廃止後、DD13型ディーゼル機関車（551号機）をはじめとする僚友たちとともに片上鉄道保存会の手によって動態保存されている。おかげでわれわれは今日でも鉄道省ガソリン動車系内燃動車の生きた姿を目の当たりにし、あるいはこれに乗車することが出来る。この世知辛い日本において、こうした私人有志の尽力によりひとつの歴史が生きた姿のまま守り継がれている事実は慶賀に耐えない。

## 歴史の歪曲を許してはならない

但し、かかる美談と引き替えに"歴史の歪曲"やその再生産が不問に付されるわけにはいかない。鉄道省技術官僚の昔から今日まで、国鉄系技術官僚たちは多くの啓蒙的・専門的原稿を物し、われわれを裨益してきた。また『鉄道技術発達史』のような体系的資料も総じてその情報価値は高い。但し、ことガソ

リン動車に係わる後者の記述はお粗末極まる。しかも、技術進歩の負の側面について、それらの文献は黙して語らず、基調として此処かしこに標準化思想への自負と被害者意識とを表明するばかりである。

なかんずく『鉄道技術発達史 Ⅵ』に至っては機械式ガソリン動車の重連運転について、

> 朝夕の混雑時も一応解消することになり……馴れるに従い 4 両編成位までやるようになり……大阪―桜島間の工員輸送等に殆んど電車と同様の輸送状況で使用されて非常に好評を博した（1062頁）。

などと嘯く醜態を曝している。ここまで来れば宮原の現場で流された汗と涙を貶めるだけの三百代言、厚顔無恥を通り越した歴史歪曲の重罪以外の何ものでもない。元よりそこには反省のカケラなど微塵も感じられない。

かかる重罪を平然と犯す技術官僚につける薬など、もはやこの時点においてさえどこにも無かった。結局、時間はかかったにせよ経営体ないし官僚機構としての国鉄は死んでしまった。これで漸く、あの惨事の犠牲者たちも浮ばれたことであろう。

死んだ児の歳を数えるようでいささか気が退けるが、長きに渡って国鉄から刊行され続けた『外国鉄道技術情報』なども、思えば貴重な資料ではあった。しかし、海外ディーゼル車輛に関する文献紹介の端々に顔を覗かせる尊大かつ醜悪な国鉄ディーゼル一家的中華思想には……その虚妄が歴史的時間の経過の中ですでに暴き尽され、国鉄も国鉄ディーゼル一家の構成分子そのものも瓦解ないし離散してしまった現在の醒めた目で見てさえ……吐き気を催す。

その著書『ガソリン動車の故障手当 附 ガソリン動車の燃料を如何に節約するか』において示された礒田の叙述姿勢は鉄道省技術官僚やその凡庸な取り巻き連のそれとは全く異なっている。1940年 6 月10日という序文の日付、6 月15日という発行日は彼自身が調査に馳せ参じたあの事故から約 5 カ月後、電化竣工の約11カ月前である。1 月29日の事故については何も語られていない反面、

ガソリン動車の危険性については淡々とした記述がなされている。本文中の記述には42000の３重連運転など、所詮、先が見えた運用法、といった達観の様子も窺われる。

しかし著書の出版に際し、礒田たちの胸中を去来した思いのほどは窺い知れない。版元の大教社は神戸市兵庫区にあり、鉄道関係のテキストを数多く出していた出版社である。読者としては明示的に鉄道省の現場技術者が想定されていた。流通範囲も自ずと限られていたと想われる。ガソリン動車の運行は未だ全国的に継続されており、重連運転は他線区でも継続していたから、実際に読者となったのもほとんどはガソリン動車に直接係わった鉄道省の現場技術者であったはずである。先進的取り組みの成果を共有財産とするため、純粋かつ地道に啓蒙的見地から編纂されていたであろうデータに抑制の効いた反省の陰ニュアンスが差した程度か、とも想ってみたりもするが、やはり察するには余りある。

ハッキリしているのは彼の名において真実が生のデータとともに伝承されたこと、および彼の著書が鉄道省・国鉄一家的標準化思想の担い手たちによって黙殺されてきたことである。発行部数の大きい媒体の中でも彼とその著書については語られていないし、ネット上にも彼の名は見当たらない。鉄道史研究は百家争鳴的活況を呈しているにもかかわらず、国会図書館にも所蔵されていて何ら奇をてらうところの無い書名を冠したこの書物が活用されてこなかった現実に、わが国における鉄道車輛（技術）史研究の退嬰性が集約されている。われわれは礒田の著書を復権させることこそが国鉄一家の硬直的技術思想ならびに技術史観への最良の挽歌となる、と信じている。

これからもインナーサークルでは固陋なる国鉄標準化思想礼賛の一環として、あるいは漫然たる懐古趣味的趣向から国鉄ディーゼル動車および制式機関DMF/DMH礼賛が繰り返されるであろう。そしてそれが続く限り、言わばその太刀持ち、露払いをなした鉄道省標準ガソリン動車、鉄道省標準ガソリン・エンジンGMF/GMHへの礼賛は何の根拠も無く、あたかも枕詞のように語り継がれていくであろう。

しかし事実は、その実態、技術のあり様はまるで違っていた。鉄道省の車輛

内燃化、とりわけディーゼル化政策に係わる指導性の欠如ゆえに場当たり的に要素技術が開発され、未熟な艤装技術によって寄せ集められ、現場的対応では抑え切れぬほどの綻びの果てに悲劇的結末が招来された。われわれはこの歴史的事実を決して風化させはしない。

　擬制資本取引やネット上の構築物などとは異なるその業態ゆえに、ある程度の規模を有する鉄道は必然的に巨大組織の形をとる。重い責めを負う巨大な組織には独自の規律と倫理、規範と論理が、言い換えれば独自性を有する様々な価値基準の体系が随伴してしかるべきである。さしずめ健全な自己正統化史観のごときはその枢要な一部をなすと言って良い。

　同様に明瞭なのは、この誇り高き巨大組織において、同じようなパターンの重大運転事故が繰り返されてきたという紛れも無い事実である。誇りは驕りとも視野の狭窄とも紙一重である。後者からは心の隙間しか生まれない。開発戦略の倒錯、営業至上の運用法、現場へのしわ寄せ（甚だしきはJR西日本に見られるような締めつけ）、人為ミス、多重安全回路を欠く安上がりな施設設計、過信と脆弱性に満ちた車輌設計、システム全体に危機管理の眼を配る主体の欠如……運命の棘がこの驕りに満ちた心の隙を突く度に、鉄道事故の歴史には新たな1ページが追加されてきた。だが、もう本当にいい加減にして欲しい。

　事実と乖離した独善的自己正統化史観の跳梁は巨大組織の"心"を蝕む正常な社会的規範からの逸脱という病のメルクマールであるかもしれない。だとすれば、誰が歴史を"たかが"と見下して居られようか。悪しき因果の糸車が旧国鉄後継組織の中で回され続けていないことを、また更なる1ページが書き加えられぬことを祈りつつ筆をおく。

注
（1）　再度、『日本のディーゼル自動車』Ⅳ章の参照を御願いする。
（2）　ここでも『日本のディーゼル自動車』、『ディーゼル技術史の曲り角』、『開放中国のクルマたち』、『伊藤正男――トップエンジニアと仲間たち』、『鉄道車輌工業と自動車工業』への参照を乞う。

（3） 1937年のGA40型以後も基本的にX型と同じ燃焼室が踏襲されたが、ジャニウェイ・アンチショック型（$\varepsilon=5.42$前後）、ワットモウ・アンチタービュレント型（$\varepsilon=5.35$前後）、リカード・タービュレント型（$\varepsilon=5.44$前後）、リカード・ショックアブソーブ型（$\varepsilon=5.44$前後）といった燃焼室がテストされた形跡があり、1940年11月に投入されたGA10型の1001号機ではワットモウ型の特徴を取り込んだ折衷ジャニウェイ型とでも称すべき$\varepsilon=6.25$の、1015号機においては同型で$\varepsilon=5.25$の燃焼室が試されている。1943年4月の試作高級乗用車用GA60型にはその流れを汲むと思しき燃焼室（$\varepsilon=6.0$）が採用された。敗戦直後、1946年にリリースされたDG32型には一歩退いた$\varepsilon=5.8$の同型燃焼室が採用されたが、後に一部$\varepsilon=6.4$が設定され、やがてはこの値に一元化されている。

　　　　島崎前掲「いすゞTX80型5噸トラックについて」参照。本論文には歴史記述にやや不明確な点があるため、いすゞ自動車前掲『いすゞ自動車史』の記述によりこれを補った。データに関して両者の間に齟齬が見られる場合、概ね本論文を優先した。なお、ここに掲げた燃焼室諸形式について、ごく簡単には『開放中国のクルマたち』33頁、参照。

（4）　赤岡純『軸受の損耗と対策』日刊工業新聞社、1961年、参照。但し、本文148～150頁の記述は旧著『鉄道車輛工業と自動車工業』で紹介した1950年代の食堂車用発電機の事例の再掲に過ぎず、ここに述べた開発、改良事蹟については僅かに巻頭グラビア2枚目の写真とその解説によって窺い知られるのみである。また、残念なことに、そこでも赤岡の言辞は半径方向隙間が過小とならぬよう必要十分な隙間を与える必要がある、などと、あくまでも定性的である。

（5）　但し、ここに言う「組立・試運転」は開発・製造過程におけるそれではなく修理、オーバーホールなどに絡むそれであると想われる。川西に発動機部門は存在しなかったし、航空発動機は部品に展開して（CKDのような形で）発送・受領されたりもしなかった。

　　　　先頃、世界に冠たる"US1A改"型救難飛行艇の開発に成功した新明和工業㈱の前身、川西航空機は両大戦間期より世界的な水上機、飛行艇メーカーとして知られ、高性能飛行艇"2式大艇"開発に実力をいかんなく発揮したのみならず、海軍戦闘機の掉尾を飾る傑作機"紫電改"まで世に送っている。しかし、川西は"なまじ発動機部門を持つことで自社発動機に無理やり合わせた窮屈な機体設計を強いられることになってはならない"、という川西龍三社長の慧眼ゆえに航空発動機開発・製造には手を出さなかった。この点については菊原静雄「二三の思ひ出」（新明和工業㈱『川西龍三追懐録』1956年、367～369頁）参照。言うまでもなく、菊原は川西～新明和のトップエンジニアとして傑作機開発をリードし続

けた大技術者である。航空発動機の開発〜量産〜発送までの業務流れについては中島飛行機の技師、關義茂の著書『航空発動機入門』(開隆堂、1943年)に詳しい。

# 索　引

## 事項索引

### 【ア行】

アセチレン（ガス） ……………………… 131,136
圧縮空気動車 ……………………………………… 15
圧縮比 ……… 45,46,55,64,123,124,126,163,172
アームストロング・ホイットワース ………… 8
EF58型電気機関車 …………………………… 67
池貝鉄工所 ……… 29,35,37,46,49,59,150,164
いすゞ自動車（石川島自動車製作所、自動車工
　　業、東京自動車工業、ヂーゼル自動車工
　　業） ……………………… 24,31,48,58,59,163
いすゞ
　　ガソリンエンジン ………………… 163-164,172
　　DA50型エンジン ……………………………… 163
　　いすゞ車 ……………… 17,90,97-98,124,131,172
市川勝三商店工業部 ………………………………… 3
イリノイ・セントラル鉄道 ……………………… 7
インテーク・シャッター ………………………… 97
ウィスコンシン ………………………………… 25
ウエバスト燃焼ヒーター ………………………… 96
ヴェロックス・ボイラ …………………………… 2
ウォーケシャ ………………………… 22,24,25,53,61
ウォーム・ギヤ …………………………… 19-20,52
ウーズレー ……………………………………… 58
SLM ……………………………………………… 24
SKF ……………………………………………… 55
枝光鉄工所 …………………………………… 3-4
エッシャーウイス ……………………………… 2
L.M.S.鉄道 ……………………………………… 2
大阪瓦斯 ……………………………………… 95
大阪憲兵隊 ………………………………… 136
大阪市 ……………………………………… 148
大阪市電 ………………………… 68,69,95,147,148
大阪市バス ………………………………… 148
大阪製鎖会社 ………………………………… 70
大阪舎蜜（せいみ）工場 ………………… 70,95
大阪地方検事局 ……………………… 137,138,139
大阪地方交通委員会 ………………………… 148
大阪地方裁判所 ……………………………… 139
大阪鉄工所（日立造船桜島工場） …… 3,70,136,
　　137,147
大阪鉄道局 ………………… ii,137,138,146,147
大阪乗合自動車（青バス） ………………… 148
大阪府 ……………………………………… 148
大阪府警察部（工場課・交通課） …… 138,148
　　特別警官隊 ……………………………… 136
オクタン価 ……………………… 45,64,126,132
オークランド ………………………………… 25
押しがけ ………………………………… 93-94
オーストロ・ダイムラー ………………………… 8
オランダ国鉄 ………………………………… 7

### 【カ行】

海軍
　　艦艇用蒸気タービン ……………………… 153
　　駆逐艦 ……………………………………… 153
　　51号内燃機関 …………………………… 151
　　潜水艦用中速ディーゼル ………………… 77
　　内火艇 ……………………… 29,32,34,59
回復運転 ………………………… 71,(115),116
ガソリンタンク ……………………………… 149
　　キハ36900(41000)型の～ ……… 47,48,86,
　　　87,88
　　キハ42000型の～ ………… 81,82,85,86,127,
　　　128-129,136,141-145
片上鉄道保存会 ……………………………… 168
加藤車輌製作所 ……………………………… 22
可変ピッチプロペラ ………………………… 153
ガルフ・モービル＆ノーザン鉄道 …………… 7
川崎車輌 ……………… 23,36,38,46,53,56,164,165
川崎造船所 ………………………………………… 4
川西航空機 ……………………………… 167,172
ガンツ …………………………………… 3,8,15
気化器 ……… 31,32,48,57,59,86,87-88,99-101,
　　(113),119,120,123-124,(162)
機関車の呼称（鉄道省・国鉄、50で始まる～）
　　…………………………………………… 59
汽車製造会社 …… 3,4,26,53,59,70,136,137,153
艤装技術 …………… 141,142,159,160,161,171

軌道モーターカー ……………………………… 10
キハ36900（41000）型ガソリン動車 …… 23,39-
　　53,54,56,60,61,62,64,65,70,73,82,85,
　　87,88,89,119,136,151,161,168
キハ40000型ガソリン動車 …… 53,54,60,70,95
キハ42000型ガソリン動車 …… i,39,53,54-57,
　　60,65,67,70-95,97,99-121,127-129,133-
　　152,153,154,156,161,168,170
キハニ5000型ガソリン動車 ……… 26-36,38,43,
　　51,53,59,60,70
キハニ36450型ガソリン動車 …………27,36-38,
　　49,59,60,61,70
揮発油及アルコール混用法 ………………123,125
客車の称号（鉄道省・国鉄）……………… 15-16,
　　52,60,61-62
逆転機・逆転装置 ……… 10,11,13,22,26,29,
　　34,52,65,82-83,86,87,142,143-145
キャディラック ………………………………… 21
空気ブレーキ ……36,39,43,45,52,63,64,83,93
　アイドル・カット運転と〜 ………… 104,105
　汽笛吹鳴と元空気溜空圧力 ………………105
クラッチ（鉄道省標準ガソリン動車関係は「複
　　板式〜」の項）…………… 9,11,26,29,58
　円錐（コーン）式〜 ……………… 33-34,35
　多板式〜 ……………………… 34-35,36,51
　単板式〜 …………………………………… 24
　複板式〜 ……50,51,74-75,94,(161),162,166
クラッチ・ブレーキ ………………… 35,36,51
グリーソン ……………………………………… 52
クルッケンベルクの新高速度内燃動車 ……… 7
クルップ ………………………………………… 2
経済産業省 ………………………………………131
高圧蒸気機関車 ……………………………… 2-3
高圧マグネトー ………………………… 29,32,37
航空発動機 …… 17,30,77,129,131,132,150,
　　153,160,167,172,173
　イスパノスイザ …………………………… 77
　サンビーム ……………………………… 149
　譽 …………………………………………… 153
厚生省 ………………………………………… 148
神戸製鋼所 ……………………… 49,53,151,156
国産電機 ……………………………………… 32
国鉄制式ディーゼルエンジン（並びに関連機種）
　　…………………… 150,(151),152,155,164
　DMH17/17H ………56,92,93,98,151,156,
　　157,164,165,166,167,(168),170
　DMH36 ………………………………………98
　DMF13 ………………………93,151,168,170
　DMF31S ……………………………… 151,156
　DMF31SH ……………………………………155
　DMF15HS ……………………………………156
　DML30HS/30HSA …………………………156
　DML61Z/61ZB ……………………… 151,156
『国有鉄道重大運転事故記録』………………… 133
国土交通省 ……………………………………129
コッタ ……………………………………… 22,24
小松相模ディーゼル（小松製作所）………… 23
コロ軸受 …………………………… 39,41,43,55
コンチネンタル …………………………24,25,61

【サ行】

38式歩兵銃 …………………………………… 54
GE …………………………………………… 3,37
C51型蒸気機関車 ………………………… 40,42
C59型蒸気機関車 …………………………… 67
C62型蒸気機関車 …………………………… 67
JR九州 ………………………………… 54,157
JR西日本 ………………… i,54,129,137,141,171
JR北海道 …………………………………… 59
GM …………………………………………21,88,
GMH17型ガソリンエンジン ……44,55-56,57,
　　71-75,87,88,94,100-108,114-115,120,
　　129,151,152,162,163,164,165,(166),
　　167,170
GMF13型ガソリンエンジン ……40,44,45-50,
　　53,55,65,72,87,88,94,125,129,151,152,
　　160,161,163,164,(166),167,170
シカゴ・バーリントン鉄道 ……………………… 7
自在継手 ……… 11,12,13,14,17,22,27,51,53,
　　65,80,81,142,143,144-145,167,(172)
私鉄
　有田鉄道 ……………………………………157
　茨城交通 ……………………………………157
　近江鉄道 ………………………………… 36,59
　小名浜臨港鉄道 …………………………… 61
　加越能鉄道 …………………………………166
　河南鉄道（現・近鉄道明寺線）…………… 15
　関東鉄道 ……………………… 157,165,166,168
　倉敷市交通局 ……………………………… 98
　藝備鉄道 ………………………………52,65,82

索引 177

江若鉄道・江若交通 ····· 23,157,164-166,168
御坊臨港鉄道（現・紀州鉄道）················ 61
山陽鉄道 ······································ 95
常総筑波鉄道 ································ 157
新宮鉄道 ······································ 61
西濃鉄道 ······································ 26
仙北鉄道 ····································· 156
同和鉱業片上鉄道 ·················· 55,160,168
富山鉄道（富南鉄道）························ 61
長岡鉄道 ······································ 58
長門鉄道 ····································· 166
西成鉄道 ······································ 68
白棚鉄道 ····································· 156
阪神電鉄 ··································· 68,69
別府（べふ）鉄道 ················· 22,23,166,167
紫電改 ······································· 172
自動車 ············ 1,2,5,7,9,10,11,12-13,19-21,
    27,40,46,48,49,52,59,64,94,123-124,1
    50,161,167
始動電動機 ·············· 9,101,102,103-104
  ピニオン・シフト式〜 ········ 90,93,94,97,98
  ベンディックス式〜 ················ 90,93,97
  ボッシュ式〜 ············ 29,32,49,87,88,89,
    90-93,97,98,151,167
品川総合運転所 ······························ 67
芝浦製作所（東芝）························· 48
シボレー ···················· 13,21,24,25,90,123
充電発電機 ············ 29,32,48-49,94,151,167
シュツットガルト市街鉄道会社 ················ 5
シュミット・ヘンシェル ························ 2
シュワルツコップ ································ 2
省営自動車 ········ 24,26,47,52,65,123-125,160
蒸気自動車 ···································· 4
蒸気タービン機関車 ·························· 2-3
蒸気動車 ························ 1,3-4,15,16,60,62
  工藤式〜 ···························· 3,15,60,62
商工省自動車技術委員会 ···················· 17
商工省燃料局 ································ 124
商工省標準型式自動車 ······· 40,45,47,52,160
消防車 ······································· 130
振興造機 ·································· 98,155
伸縮継手（スプライン継手）······ 12,13,14,17,
    22,51,52,81,142,143,145
新鶴見操車場 ································· 59
真空槽 ································ 29,30,31,59

シンダ ···································· 151,156
新明和工業 ·································· 172
スイス機関車会社 ······························ 2
ストロンバーグ ···························· 48,123
スパイサ ··································· 13,24
スミダR大型バス ··························· 47,124
スミダエンジン
  A6型 ····································· 48
  X型 ··························· 45,47,48,64,163
  D6型 ·························· 24,44,48,163
  F6型 ······································· 24
  B4型 ······································ 59
  DA6型 ··································· 163
  DD6型 ··································· 163
住友化学工業 ································· 95
住友伸銅工場・住友製鋼所・住友金属工業、住
    友精密工業 ····· 70,136,147,148,153,155
住友青年学校 ··························· 136-137
住友電線製造所 ··························· 70,136
住友篤信学校 ································ 136
石油発動機 ···································· 59
セルポーレ ······································ 3
ゼロ戦 ····································· 121,153
総括制御 ··················· 38,70,113,150,151,166

【タ行】

代燃化・代燃車輌（アセチレン、シンダ、天然
    ガスの項、参照）·············· 121-129,131,
    151,152,156
ダイハツ・ディーゼル ························ 155
ダイムラー ··············· 5-6,7,8,10,13,14,19,26,
    27,28,36
台湾総督府鉄道局 ···························· 56
タコグラフ ···································· 129
ダッジ ·········································· 90
ダットサン ···································· 20
田中車輌工場（近畿車輌）················· 53
撓み継手 ································ 11,12,26,36
短軸・長軸 ································ 43,55,63
丹那トンネル ································· 134
暖房装置 ··········· 32,37,50,73,85,96,(135),161
蓄電池 ······ 37,64,49-50,93,94,97,101,102-103
朝鮮総督府鉄道局 ···························· 22
ちよだS型 ··································· 124
ツェリータービン ······························· 2

定員
　キハ42000の ……………… 70-71,146,152,154
　客車、電車の ………………… 147,154-155
TGV …………………………………………… 7
ディスクホイール ………………… 55,83,84
ディストリビュータ ……………… 48,88〜89
ディーゼル動車 ……… 6-7,8,53,58,60,61,62,
　　96,125,150,(152),155-156,162-163,164,
　　165,166,167,168
DD51型ディーゼル機関車 ……………… 130
DD13型ディーゼル機関車 …………… 96,168
ＤＢ10型ディーゼル機関車 ………… 49,50,51
ティムケン …………………………………… 41
デジタル・タコグラフ …………………… 129
『鉄道技術発達史』 …… 59,63,66,156,168-169
鉄道建設公団 ……………………………… 166
鉄道省運転局 ……………………………… 133
鉄道省運輸局 ……………… 54,62,125,130
鉄道省工作局 ……… 39,40,62,64,149,150,155
鉄道省・国鉄の機関庫・機関区
　糸崎 ………………………………………… 59
　稲沢 ……………………………………… 130
　岩国 ………………………………………… 59
　大垣 ……………………………………… 26,59
　神戸 ………………………………………… 95
　仙台 ………………………………………… 59
　鷹取 ………………………………………… 96
　徳島 ………………………………………… 59
　名古屋 ……………………………………… 67
　浜松 ………………………………………… 67
　米原 ………………………………………… 36
　宮原（「宮原客車操車場・宮原総合運転所・
　　宮原電車区」の項、参照） ……… ii,67,68,
　　70,71,76,83,84,89,91,93,94,95,96,99,
　　101,102,104,107,108,111,113,115,116,
　　118,119,121,127,129,145,152,156,161,167,
　　168
鉄道省・国鉄の工場
　大井 ………………………………… 53,59,124
　大宮 ………………………………… 53,56,157
　鷹取 ………………………………………… 53
　小倉 ………………………………………… 53
　新小岩 …………………………………… 157
　吹田 ……………………………………… 137
　苗穂 ………………………………………… 59

長野 ……………………………………… 157
名古屋 …………………………………… 157
鉄道省・国道・JRの線区
　伊東線 …………………………………… 59
　大阪環状線 ……………………………… i,152
　片町線 …………………………………… 146
　川越線 …………………………………… 54
　関西線 …………………………………… 3
　姫新線 …………………………………… 146
　紀勢西線 ………………………………… 146
　九州新幹線 ……………………………… 54
　芸備線 …………………………………… 65
　京浜線 …………………………………… 40
　五新線 …………………………………… 156
　湖西線 …………………………………… 166
　桜島線（ゆめ咲線） ……………………… i
　山陰本線 ……………………………… 54,146
　山陽新幹線 ……………………………… 54
　山陽本線 ……………………………… 133
　城東線 ………………………………… 68,152
　常磐線 …………………………………… 151
　水郡線 ……………………………… 151,156
　仙石線 …………………………………… 61
　総武線 …………………………………… 151
　武豊線 …………………………………… 150
　中央本線 ……………………………… 54,67
　東海道新幹線 ………………………… 67,68
　東海道本線 …………………… 26,36,67,133
　西成貨物線 ……………………………… 70
　西成線 ……… i,54,57,67-71,99,102-121,
　　127-128,133-149,152,154,156,162,169
　白棚線 ……………………………… 151,156
　播但線 …………………………………… 151
　福知山線 ………………… i,68,129,137,167
　北陸本線 ………………………………… 36
　三角線 …………………………………… 54
　室蘭本線 ………………………………… 54
　女川線 …………………………………… 54
　陸羽東線 ………………………………… 54
　両毛線 …………………………………… 151
　和歌山線 ……………………………… 146
デハビランド"コメット" ……………… 159
デルコ・レミー …………………………… 88
点火コイル …………………………… 48,89-90
点火抵抗器 …………………………… 48,89

索　引

点火プラグ ……………………………… 48,89
電気式伝動装置 ……………… 7,10,36-38,150
電気自動車 ………………………………… 10
電車 ……………… 2,15,26,36,37,40,42,54,97,
　　115,141,147,148,152,162,168
天然ガス ……………… 62,131,151,157,164,165
デンマーク国鉄 …………………………… 7
電力供給の不足 ……………………… 146,154
ドイツ国鉄 ………………………………… 7
東亜電機（日立戸塚） …………………… 48
東洋ベアリング製造 …………………… 41,43
トーベンセン式駆動 ……………………… 20
トヨタ自動車工業 ……………………… 13,17
トヨタ車 ………………… 13,17,36,64,90,97,164
トルクチューブ方式 ………………… 12-13,17

【ナ行】

内燃動車の価格 ……………………… 38,60-61
内燃動車の称号 ……………………… 60,61-62
中島飛行機 ……………………………… 173
新潟鐵工所 ……… 46,53,56,59,150,151,155,
　　165,167
2式大艇 ………………………………… 172
2軸駆動方式 ………………………… 24,58,155
日興電機 ……………………………… 97,98
日産自動車 ……………………………… 13
ニッサン車 ……………………… 90,97,164
日本エアブレーキ ……………………… 43
日本気化器 ……………………………… 48
『日本国有鉄道百年史』 ………………… ii
日本車輌製造 ……… 21,22,23,27,28,36,38,
　　43,53,56,59,61,65,164,165,166
日本精工 ……………………… 41,43,55
日本石油 ………………………………… 70
日本染料製造 ………………………… 70,95
日本電池（GS） ……………………… 49,64
日本発送電 ……………………………… 154
ニューヨーク・ニューヘヴン鉄道 ……… 7
ノッキング …………………… 100,111,113,129
ノッチ・オフ …………………………… 101

【ハ行】

ハイヤット・ベアリング …………… 51,64,89
パッカード ……………………………… 56
バックアップ・システムの不備 …… i,138-
　　139,(161),(171)
バッテリー点火 ……………………… 48,88
ハドソン ………………………………… 25
パナール ………………………………… 21
バブコック・ウィルコックス・ボイラ ……… 3
ピアスアロー …………………………… 25
日立製作所 ……………………… 48,49,97,98
日野自動車工業 ……………………… 164,165
ビュイック ……………………………… 90
標準化思想 …………… ii,54,159,167,169,170
フィアット ……………………………… 7
フェッチンガー・トランスフォーマー …… 10
フォード車 ……………………… 24,25,90
　T型/TT型 ……………………… 12,13,19,20,25
　A型 ……………………… 13,21-22,25,28,160
　B型 ……………………………… 25,123
　V8型 ……………………………… 13,25
フォードソン・トラクタ ………………… 25
ブガッティ ……………………………… 7
ふそうB46型 …………………………… 124
ブダ …………………………………… 24,25
フラー ………………………………… 24
フライト・レコーダー ………………… 129
プライマー …………………………… 31,48
フランコ・ベルゲ ……………………… 7
フランス北部鉄道 ……………………… 7
フリーゲンダー・ハンブルガー ……… 7,9,14
フリヒス ………………………………… 8
フリー・ホイーリング ………………… 101
ブレダ ………………………………… 7,8
振れ止め ……………………………… 81,145
ベルギー国鉄 …………………………… 7
ベルツツイオ …………………………… 2
変速機 ……………………… 9,10-11,26,58
　摩擦伝動式〜 ………………………… 10,16
　液体式〜（トルク・コンバータ） …… 7,10,
　　53,94,151,155,156,166,167
　歯車式〜 …………………………… 10,11
　　選択摺動式〜 …………… 21,29,34-35,51
　　常時噛合式〜 ……… 50,51,75-81,82,164,
　　　165,166
　　遊星歯車式〜 …………………… 20-21
ベンソン・ボイラ ……………………… 2
ボギー（台）車 ………… (7),14,23-24,43,51,
　　52,55,60,61,62,141,142,143

ボルグアンドベック ……………………… 24
ホルト …………………………………… 25
ボールドウィン …………………………… 3
ホワイト …………………………………… 4

## 【マ行】

マイバッハ ………………………………… 7
松井車輛製作所 …………………………… 61
マッファイ ………………………………… 2
ミシュラン ……………………………… 7,8
三菱重工業 ……………………………… 150
三菱倉庫 ………………………………… 137
三菱電機 ………………………………… 43
南満州鉄道 ………………………… 123,131
ミネルヴァ ……………………………… 25
宮原客車操車場・宮原総合運転所・宮原電車区
　………………………… 67,115,117,147,166
明治村 ……………………………………… 4
メタノール ………………………… 122,131
メートル法 ………………………… 40,45
門司鉄道局 ……………………………… 16

## 【ヤ行】

矢崎総業 ………………………………… 129
湯浅電池 ……………………………… 49,64
ユニオン・パシフィック鉄道 …………… 7
ユングストローム …………………… 2,53
ユングストローム・リショルム式蒸気タービン
　…………………………………………… 2

## 【ラ行】

ライジングサン ………………………… 43
ラジエーター ……………… 32,33,50,85
ラモント・ボイラ ………………………… 2
陸軍 …………………… 13,17,32,49,64,92
　自動車 ………………………………… 58,90
　牽引車 ………………… 31,48,49,59,163
　戦車 …………………… 49,92,93,149,155,163
　統制発動機 …… 23,149,150,152,155,163,
　　　　　　　164,167
陸用蒸気タービン ……………………… 153
ルノー ……………………………………… 7

ルノー方式 ……………………………… 12
レイランド ………………………………… 8
レフラー・ボイラ ………………………… 2
レボタコグラフ ………………………… 108
連結器
　自動〜 ………………………… 40,45,63
　ネジ式〜 ……………………………… 61
レンプ式制御 …………………………… 37
六甲 …………………………………… 56,66
ロバート・ボッシュ …… 32,48,88,89,163,167
ロング ……………………………… 22,24,50

## 人名索引

朝倉希一 ……………………… 39,58,155
磯田寅二 ……… (74),75,(76),77,79,(81),82,
　　　　　(83),95-96,99,100,103,104,116,168,170
伊藤正男 ……………………………… 97,163
上西甚蔵 ………………………………… 17
川西龍三 ………………………………… 172
菊原静雄 ………………………………… 172
北畠顕正 ………………………………… 40
工藤兵治郎 ……………………………… 3
ザス，F. …………………………………… 4
佐竹達二 …………………………… 40,155
島秀雄 …………………………………… 40
關義茂 …………………………………… 173
ダイムラー，G. ………………… 4,5,6,38
田中太郎 ………………………………… 40
樽谷一郎 …………………………… 16,52
塚本重蔵 ……………………………… 147
築山閏二 ……………………… 17,65,81,131
中井良吉 ………………………………… 96
成瀬政男 ………………………………… 17
原田関次郎 ……………………………… 96
フォード，H. …………………………… 21
マイバッハ，K. ………………………… 4,6
松平　精（ただし） …………………… 55
松野鶴平 ……………………………… 147
宮本晃男 ……………………………… 129
ランチェスター，F.W. ………………… 19
リーランド，H. ………………………… 21

**【著者紹介】**

坂上茂樹（さかがみ・しげき）
　大阪市立大学教授（産業技術論・技術史）
　1955年生まれ
　大阪市立大学経済学部卒業後、いすゞ自動車㈱勤務を経て現職に至る。
〈著書〉
　『日本のディーゼル自動車』日本経済評論社、1988年
　『ロータリーエンジン』第一法規出版、1988年
　『ディーゼル技術史の曲りかど』信山社、1993年
　『開放中国のクルマたち』日本経済評論社、1996年
　『伊藤正男──トップエンジニアと仲間たち』日本経済評論社、1998年
　『舶用蒸気タービン百年の航跡』ユニオンプレス、2002年
　『鉄道車輌工業と自動車工業』日本経済評論社、2005年
〈訳書〉
　R・ディーゼル『ディーゼルエンジンはいかにして生み出されたか』（訳・解説）山海堂、1993年

原田　鋼（はらだ・はがね）
　塾講師、鉄道史研究家
　1954年生まれ
　立命館大学文学部地理学科卒業
　1960年頃、岡山市に在住、西大寺鉄道の気動車に興味を抱いたのを契機として1964年頃から非電化を中心に全国の地方私鉄、廃線跡をめぐり写真を撮り歩く。

**ある鉄道事故の構図──昭和15年安治川口事故の教訓は生かされたか──**

| 2005年10月14日 | 第1刷発行 | 定価（本体3800円＋税） |

　　　　　　　著　者　坂　上　茂　樹
　　　　　　　　　　　原　田　　　鋼
　　　　　　　発行者　栗　原　哲　也
　　　　　　　発行所　㈱日本経済評論社
　　　　　〒101-0051　東京都千代田区神田神保町3-2
　　　　　　電話 03-3230-1661　FAX 03-3265-2993
　　　　　　　nikkeihy@js7. so-net. ne. jp
　　　　　　URL：http://www.nikkeihyo.co.jp
　　　　　　　印刷＊文昇堂・製本＊山本製本所
　　　　　　　　　装幀＊渡辺美知子

乱丁落丁はお取替えいたします。　　　　　　Printed in Japan
© SAKAGAMI Shigeki & HARADA Hagane 2005　　ISBN4-8188-1794-5

・本書の複製権・譲渡権・公衆送信権（送信可能化権を含む）は㈱日本経済評論社が保有します。
・〈JCLS〉㈱日本著作出版権管理システム委託出版物〉
　本書の無断複写は著作権法上での例外を除き禁じられています。複写される場合は、そのつど事前に、㈱日本著作出版権管理システム（電話03-3817-5670、FAX03-3815-8199、e-mail: info@jcls.co.jp）の許諾を得てください。

坂上茂樹著
## 鉄道車輛工業と自動車工業
Ａ５判　2500円

自動車工業の草創以降今日に至るまで、鉄道車輛工業と自動車工業の間にいかなる技術的接点が形成され、いかなる点に相互の影響が看取されるのか、産業技術史的に解明する。

山岡茂樹著
## 開放中国のクルマたち
―その技術と技術体制―
Ａ５判　3600円

急激な需要の増大により今や世界の注目の的になった中国の自動車。中国における自動車技術のあり様をトラック、オートバイ、乗用車等について具体的に物語る。

坂上茂樹著
## 伊藤正男
―トップエンジニアと仲間たち―
四六判　2900円

今日、物流の大半を担うディーゼル自動車。並外れた力量と人間・社会への気遣いを持って、エンジン開発に生涯をかけた伊藤正男の足跡を、自動車技術史の中に位置づけて描く。

網谷りょういち著
## 信楽高原鐵道事故
四六判　2800円

平成3年に起こった列車の正面衝突事故。死者42名、負傷者614名を数える大惨事となった。長年にわたる裁判の傍聴を通じて丹念に事実を積み重ねて事故の真相に迫る。

佐々木冨泰・網谷りょういち著
## 事故の鉄道史
―疑問への挑戦―
四六判　3200円

鉄道事故の原因には、人災や天災だけでなく車輛・施設・運行システムの問題などがあげられる。事故の教訓は生かされているのか。発表されなかった事故原因を解き明かす。

佐々木冨泰・網谷りょういち著
## 続・事故の鉄道史
四六判　2800円

大好評を博した「事故の鉄道史」の続編。通説となった鉄道事故の原因に再検討を加え、真相に迫る。記憶に新しい余部橋梁列車転落事故など戦後発生した事故もおさめる。

安部誠治監修／鉄道安全推進会議編
## 鉄道事故の再発防止を求めて
四六判　2500円

年間1000件を超える事故と1000人余りの死傷者。信楽高原鉄道事故を初めとする日本の事故調査と欧米諸国の例を比較しながら、政府や企業から独立した調査機関の設立を提唱する。

沢井実著
## 日本鉄道車輛工業史
Ａ５判　5700円

後発工業国日本にあって、比較的早く技術的対外自立を達成した鉄道車輛工業の形成と発展について、国内市場と海外市場の動向をふまえながら、その特質を解明する。